MedR Schriftenreihe Medizinrecht

Herausgegeben von
Professor Dr. Andreas Spickhoff, Göttingen

Weitere Bände in dieser Reihe
http://www.springer.com/series/852

Albrecht Wienke · Markus A. Rothschild
Kathrin Janke
Herausgeber

Rechtsfragen der Obduktion und postmortalen Gewebespende

Mit Beiträgen von
M. Brockmann, R. Dettmeyer, W. Höfling, H.-F. Kienzle,
B. Kretschmer, H.-D. Lippert, M. Parzeller, H. Pollähne,
K. Püschel, I. Schliephorst, B. Wulff

Springer

Herausgeber
Dr. jur. Albrecht Wienke
Wienke & Becker – Köln
Köln
Deutschland

Dr. jur. Kathrin Janke
Düsseldorf
Deutschland

Prof. Dr. Markus A. Rothschild
Universitätsklinikum Köln
Institut für Rechtsmedizin
Köln
Deutschland

ISSN 1431-1151
ISBN 978-3-642-29472-3 ISBN 978-3-642-29473-0 (eBook)
DOI 10.1007/978-3-642-29473-0
Springer Heidelberg Dordrecht London New York

Die Deutsche Nationalbibliothek verzeichnet diese Publikation in der Deutschen Nationalbibliografie; detaillierte bibliografische Daten sind im Internet über http://dnb.d-nb.de abrufbar.

Gedruckt auf säurefreiem Papier

Springer ist Teil der Fachverlagsgruppe Springer Science+Business Media (www.springer.com)

Vorwort

Im Oktober 1990 hat sich die Deutsche Gesellschaft für Medizinrecht (DGMR) e. V. anlässlich ihres 4. Einbecker Workshops mit Rechtsfragen der Obduktion befasst. Bereits damals standen Fragen zur Indikation, zur Erforderlichkeit und zur Form der Einwilligung bei der Obduktion im Vordergrund. Mit den damaligen Einbecker Empfehlungen der DGMR wurde der Gesetzgeber aufgerufen, rechtssichere Regelungen zu schaffen, die dazu führen, dass unter Wahrung der Grundrechtsposition des Verstorbenen und der Angehörigen im Interesse der Qualitätssicherung und des medizinischen Fortschritts Sektionen im erforderlichen Ausmaß durchgeführt werden können. Solche normativen Vorgaben sollten sich nicht nur auf klinische Sektionen beschränken, sondern auch Todesfälle außerhalb der Klinik umfassen, um auch dort berechtigten Anliegen – wie ärztlich-fürsorgerischen und epidemiologischen Erfordernissen – Rechnung zu tragen. Auch der 93. Deutsche Ärztetag in Würzburg hatte 1990 ein einheitliches Obduktionsgesetz gefordert, um der Vielfalt der Sektions- und Obduktionsarten mit unterschriftlichen Zielsetzungen, Voraussetzungen und unübersichtlichen Rechtsgrundlagen wirksam zu begegnen.

In den mehr als 20 Jahren, die seit dem vergangenen sind, hat sich indes die Hoffnung auf eine rechtssichere, einheitliche und vor allem praxistaugliche Regelungsmaterie nicht erfüllt. Gerade die sehr unterschiedlichen Rechtsgrundlagen in den Landesgesetzen über das Leichen-, Bestattungs- und Friedhofswesen machen es den betroffenen Angehörigen und den Medizinern in der praktischen Umsetzung der oft widerstreitenden Interessen nicht leicht. Die klinische und anatomische Sektion ist nach derzeit allgemeiner Meinung auch im wissenschaftlichen Interesse oder zu Ausbildungszwecken ohne Zustimmung des Verstorbenen oder seiner Angehörigen unzulässig. Die medizinische Forschungs- und Ausbildungssituation wird durch diese Zustimmungslösung nachhaltig beeinträchtigt; eine Widerspruchslösung könnte hierbei viele Hindernisse in der praktischen Handhabung beseitigen. Gleichzeitig machen Negativbeispiele deutlich, dass den im Zusammenhang mit Organ- und Gewebehandel vorherrschenden wirtschaftlichen Interessen wirksam Einhalt geboten werden muss.

Die DGMR hat sich angesichts dieser nach wie vor unbefriedigenden Situation entschlossen, die bis heute ungeklärten Rechtsfragen der Obduktion und postmortalen Gewebespende noch einmal aufzugreifen und dazu einen Experten-Workshop durchzuführen. Dazu konnten namenhafte Referenten gewonnen werden, die sich in Lehre, Klinik und Praxis mit der gesetzten Thematik bereits eingehend beschäftigt haben. Die DGMR bleibt damit zugleich ihren satzungsgemäßen Aufgaben verpflichtet, auf dem Gebiet des Medizinrechts wissenschaftlich tätig zu sein, die interdisziplinären Beziehungen zwischen Recht und Medizin zu vertiefen und für ein besseres wechselseitiges Verständnis zu sorgen.

Im Zusammenhang mit den andauernden rechtspolitischen Diskussionen zur Novellierung des Transplantationsgesetzes stehen die rechtlichen und ordnungspolitischen Fragen zur Obduktion und postmortalen Gewebespende im Hintergrund und werden von grundsätzlichen Diskussionen über eine erweiterte Zustimmungslösung oder eine Erklärungslösung im Zusammenhang mit der Organtransplantation überlagert.

Die DGMR hat sich in ihren aktuellen Empfehlungen daher für eine gesetzliche Abkopplung der postmortalen Gewebespende von der Organtransplantation im Transplantationsgesetz ausgesprochen. Die DGMR fordert eine gesonderte gesetzliche Regelung der klinischen Obduktion und postmortalen Gewebespende, um insbesondere die seit Jahren niedrige Obduktionsquote in Deutschland nachhaltig zu verbessern. Dabei ist zu berücksichtigen, dass die Obduktion neben der Todesursachenfeststellung vornehmlich der Qualitätssicherung ärztlicher Behandlungsmaßnahmen und der Gewinnung gesicherter epidemiologischer Erkenntnisse zu Krankheitsbildern dient. Bei über 95 % aller Verstorbenen bestehen derzeit in Deutschland keine autoptisch gesicherten Erkenntnisse über die eigentliche Todesursache und etwaige Begleiterkrankungen. Die auf einer solchen unsicheren Datenlage beruhenden gesundheitspolitischen Entscheidungen zu Disease-Management-Programmen, zu Prävention und strukturellen Maßnahmen der Krankenversorgung entsprechen daher nicht der eigentlich zu erwartenden Evidenz. Dies hat zugleich negative Auswirkungen auf die Qualität ärztlicher Diagnostik und Therapie und somit auf die Patientensicherheit.

Die DGMR hat die aufgeworfenen Rechtsfragen mit ausgewählten Experten aus Klinik und ärztlicher Praxis, mit Fachleuten aus den Gremien der ärztlichen Selbstverwaltung sowie Richtern, Rechtsanwälten, Strafverteidigern und Rechtswissenschaftlern eingehend diskutiert und dazu in bewährter Weise Empfehlungen verabschiedet. Diese sollen die Diskussion um die aufgeworfenen Rechtsfragen in der Ärzteschaft, in der Rechtsanwendung und Gesetzgebung bereichern. Das abschließende Ergebnis der Tagung der DGMR ist in einem Empfehlungstext festgehalten, den die an der Tagung beteiligten Referenten in der hier vorliegenden Fassung gemeinsam mit dem Präsidium der DGMR verabschiedet haben. Es ist damit zugleich gelungen, Empfehlungen zu erarbeiten, welche von allen Beteiligten des Workshops getragen werden und welche der Lehre und Rechtsprechung, aber auch den Selbstverwaltungsorganisationen im Gesundheitswesen und der Legislative neuen Impulse verleihen sollen.

Besonderer Dank gebührt an dieser Stelle allen Beteiligten, die in kenntnisreichem und engagiertem Einsatz zum Gelingen der vorliegenden Publikation beigetragen haben. Hervorheben möchten die Herausgeber hierbei insbesondere das Engagement der Referenten und die maßgebliche Hilfe des Springer-Verlages, ohne deren Unterstützung die Publikation des vorliegenden Werkes nicht möglich gewesen wäre. Die Herausgeber und die DGMR hoffen, dass das vorliegende Werk einen konstruktiven Beitrag und insbesondere einen Anstoß zur weiterführenden juristischen Debatte zu den Rechtsfragen der Obduktion und postmortalen Gewebespende leistet.

Köln
im Februar 2012

Rechtsanwalt Dr. A. Wienke
Präsident der DGMR e.V.

Inhalt

Autorenverzeichnis

Priv.-Doz. Dr. med. M. Brockmann Institut für Pathologie, Kliniken der Stadt Köln gGmbH, Krankenhaus Merheim, Ostmerheimerstraße 208a, 51109 Köln, Deutschland
E-Mail: BrockmannM@kliniken-koeln.de

Prof. Dr. jur. Dr. med. Reinhard Dettmeyer Institut für Rechtsmedizin, Universitätsklinikum Gießen und Marburg, Frankfurter Straße 58, 35392 Gießen, Deutschland
E-Mail: reinhard.dettmeyer@forens.med.uni-giessen.de

Prof. Dr. jur. Wolfram Höfling, M.A. Lehrstuhl für Staats- und Verwaltungsrecht, Finanzrecht sowie Gesundheitsrecht, Institut für Staatsrecht, Universität zu Köln, Albertus Magnus Platz, 50923 Köln, Deutschland
E-Mail: sekretariat@institut-staatsrecht.de

Prof. Dr. med. Hans-Friedrich Kienzle ehem. Chefarzt der Chirurgischen Klinik, Kliniken der Stadt Köln gGmbH, Am Wildwechsel 14a, 51109 Köln, Deutschland
E-Mail: Kienzle-koeln@netcologne.de

Prof. Dr. jur. Bernhard Kretschmer Lehrstuhl für Strafrecht und Strafprozessrecht, Ruhr-Universität Bochum, Universitätsstraße 150, 44801 Bochum, Deutschland
E-Mail: Bernhard.Kretschmer@rub.de

Dr. jur. Hans-Dieter Lippert KNORR Rechtsanwälte AG Ulm, Frauenstraße 11, 89073 Ulm, Deutschland
E-Mail: office@knorr.org

Priv.-Doz. Dr. med. Dr. med. habil. Markus Parzeller Institut für Rechtsmedizin, Klinikum der Johann Wolfgang Goethe-Universität, Kennedyallee 104, 60594 Frankfurt Main, Deutschland
E-Mail: parzeller@em.uni-frankfurt.de

Priv.-Doz. Dr. jur. Helmut Pollähne Joester & Partner Strafverteidigerkanzlei, Willy-Brandt-Platz 3, 28215 Bremen, Deutschland
E-Mail: pollaehne@strafverteidigerkanzlei-bremen.de

Prof. Dr. med. Klaus Püschel Institut für Rechtsmedizin, Universitätsklinikum Hamburg Eppendorf, Butenfeld 34, 22529 Hamburg, Deutschland
E-Mail: pueschel@uke.de

Assessor Ingo Schliephorst Rechtsabteilung, Deutsche Krankenhausgesellschaft (DKG), Wegelystraße 3, 10623 Berlin, Deutschland
E-Mail: i.schliephorst@dkgev.de

Dr. Birgit Wulff Institut für Rechtsmedizin, Universitätsklinikum Hamburg Eppendorf, Butenfeld 34, 22529 Hamburg, Deutschland
E-Mail: Birgit.Wulff@uke-hh.de

Obduktion im klinischen Alltag – eine Bestandsaufnahme aus chirurgischer und pathologischer Sicht – 5 Thesen

Hans-Friedrich Kienzle und Michael Brockmann

I. Aus chirurgischer Sicht

1. Die moderne klinische Diagnostik hat sich apparativ und seitens des Labors wesentlich verbessert, sodass die post mortem-Diagnose nicht mehr in der früher notwendigen Weise zu fordern ist, um wenigstens postmortal zu einer sicheren Diagnose zu gelangen („die klinischen Diagnosen sind heute sicherer als früher").
2. Klinikärzte haben kein wesentliches Interesse an der Obduktion: sie ist zeitaufwendig, Morphologie spielt nicht mehr eine so große Rolle wie früher, auch schon in der Ausbildung nicht mehr. Das zeitliche Korsett der Klinikärzte ist zu eng, als dass man sich noch Zeit für eine Obduktion nehmen wollte. Bürokratische Erfordernisse wie Schreibarbeiten der verschiedensten Art, Dokumentation für ärztliche und abrechnungstechnische Belange spielen eine große, unabweisbare Rolle. Die Prioritäten ärztlicher Tätigkeit haben sich durch ärztliche und außerärztliche Einflüsse deutlich verschoben.
3. Furcht vor unliebsamen Überraschungen: im Falle einer Komplikation oder gar einer Fehldiagnose werden heute häufiger als früher sofort juristische Wege beschritten, mit für den betreffenden Arzt u. U. sehr unliebsamen Konsequenzen. Gedanklich und praktisch wird der eher leicht zu bewältigende Weg ohne Obduktion beschritten getreu dem Sprichwort „was ich nicht weiß, macht mich nicht

H.-F. Kienzle (✉)
ehem. Chefarzt der Chirurgischen Klinik, Kliniken der Stadt Köln gGmbH,
Am Wildwechsel 14a, 51109 Köln, Deutschland
E-Mail: Kienzle-koeln@netcologne.de

M. Brockmann
Institut für Pathologie, Kliniken der Stadt Köln gGmbH, Krankenhaus Merheim,
Ostmerheimerstraße 208a, 51109 Köln, Deutschland
E-Mail: BrockmannM@kliniken-koeln.de

A. Wienke et al. (Hrsg.), *Rechtsfragen der Obduktion und postmortalen Gewebespende*,
MedR Schriftenreihe Medizinrecht, DOI 10.1007/978-3-642-29473-0_1,

heiß". Diesbezügliche Skrupel lassen sich am einfachsten aus der Welt schaffen, wenn auf der Todesbescheinigung „natürlicher Tod" angekreuzt wird. „Unklare Todesursache" o. ä. führen nicht selten zu unerwünschten Weiterungen.
4. Verbot der Obduktion durch Angehörige.
5. „Aus logistischen Gründen" und „der Einfachheit halber" wird die Leiche häufig sehr schnell vom Bestatter abgeholt; wenn man nicht dringend an der Obduktion interessiert ist, ist die Leiche abgeholt, bevor sie in der Prosektur ankommt. Im umgekehrten Fall sollte man – bei erlaubter Obduktion – sehr genau darauf achten, dass obduziert wird; wird die Leicht vor der gestatteten Obduktion abgeholt, könnten seitens der Angehörigen leicht Missverständnisse aufkommen.

II. Aus pathologischer Sicht

Ad 1 – Aus Sicht der Pathologie muss diesem klinischen Eindruck widersprochen werden. Studien der letzten Jahre, die die klinischen Diagnosen und den Obduktionsbefund verglichen haben, konnten zwar belegen, dass die Anzahl der klinisch nicht erkannten Diagnosen, die sich während der Obduktion als Grundleiden für den Tod des Patienten erweisen, gering rückläufig sind, der Anteil wird aber immer noch auf gut 8 % geschätzt. Zudem konnte gezeigt werden, dass klinische Abteilungen mit einer Obduktionsrate über 30 % eine deutlich niedrigere Komplikationsrate haben als Abteilungen mit niedrigerer Obduktionsrate. Aus Sicht des Qualitätsmanagements ist festzustellen, dass nur derjenige eine Chance hat, sich zu verbessern, der seine Arbeit auch kontrollieren lässt.

Ad 2 – Auch bei den Pathologen ist das Interesse an den Obduktionen – allen gegenteiligen Behauptungen zum Trotz – deutlich zurückgegangen. Mit dem Rückgang der Krankenhaus-eigenen Pathologien und der Ansiedlung von Pathologie-Praxen an Krankenhäusern („outsourcing") haben Wirtschaftlichkeitsüberlegungen eine zentrale Bedeutung erlangt. Da sich eine Obduktion für den Pathologen „nicht rechnet", sondern für ihn ein Zuschusgeschäft darstellt, haben auch Pathologen kein Interesse daran, die Anzahl der Obduktionen zu halten bzw. zu steigern. Eine Reihe niedergelassener Pathologen führt auf Grund solcher wirtschaftlicher Erwägungen grundsätzlich keine Obduktion mehr durch.

Ad 3 – Klinische Obduktionen werden nur durchgeführt, wenn auf der Todesbescheinigung „natürlicher Tod" angegeben ist; den Antrag stellt dann der klinische Kollege. In den übrigen Fällen wird die Staatsanwaltschaft eingeschaltet, die Obduktion erfolgt dann in der Regel durch die Rechtsmedizin. Somit kann diese Verfahrensvariante keinen Einfluss auf die Anzahl der klinischen Obduktionen haben.

Ad 4 – Angehörige können eine Obduktion weder genehmigen noch verbieten. Entscheidend ist allein der mutmaßliche Wille des Verstorbenen; dieser muss bei den nächsten Angehörigen gegebenenfalls erfragt werden. Daher ist es in Nordrhein-Westfalen im „Gesetz über das Friedhofs- und Bestattungswesen" geregelt, dass die Krankenhausträger verpflichtet sind, anlässlich des Abschlusses eines Aufnahmevertrags nach der Einstellung zur Obduktion zu fragen. Da ein Verstoß gegen dieses Gesetz aber nicht sanktioniert wird, wird diese Frage bei der stationären Aufnahme in der Regel üblicherweise nicht gestellt.

Ad 5 – Das „logistische Problem“ ließe sich aus pathologischer Sicht bei gutem Willen aller Beteiligten und wirklichem Interesse an der Obduktion lösen.

Aus pathologischer Sicht kommt noch ein weiterer Punkt hinzu:

Wer bezahlt die Obduktion?

Die Durchführung einer klinischen Obduktion ist nur im Zusammenhang mit einer Krankenhausbehandlung möglich. Stirbt ein Patient zu Hause, existiert kein Kostenträger, da die Krankenkassen nur bis zum Tode zuständig sind. Im Krankenhaus werden die Unkosten der Pathologie vielfach auf die einzelnen klinischen Abteilungen umgelegt. Vor diesem Hintergrund kann die Durchführung einer Obduktion eine „Budget-Belastung“ bedeuten, die der klinisch tätige Kollege nicht zu tragen gewillt ist. Daher wurde der Vorschlag gemacht, die Unkosten für Obduktionen nicht den klinischen Abteilungen, sondern dem Qualitätsmanagement zuzurechnen, da die Obduktion als Maßnahme zur Qualitätssicherung zu verstehen ist.

Für Krankenhäuser „rechnet sich“ eine hohe Obduktionsfrequenz, da die Kosten der Krankenhausbehandlung durch die – nachzuweisende – Verringerung der Komplikationen sinken und nicht selten auf Grund des Obduktionsergebnisses im DRG-System ein höherer Fallwert abgerechnet werden kann, als dies ohne Kenntnis der durch die Obduktion gewonnen Zusatzerkrankungen möglich gewesen wäre.

Obduktionsrecht in Deutschland seit 1949 – gesetzliche Regelungen, Reformvorschläge und Regelungsdefizite

Reinhard Dettmeyer

I. Einleitung

Das Obduktionsrecht hat sich, wie das Leichenschaurecht, im deutschsprachigen Raum unterschiedlich entwickelt. Am Anfang stand die forensische Leichenschau für strafprozessuale Zwecke, die allgemeine ärztliche Leichenschau wurde wesentlich später eingeführt (s. Tab. 1). Bis in die heutige Zeit ist jedoch eine uneinheitliche Regulierung des Leichenschau- und Obduktionsrechts in Deutschland gegeben. Seit mehr als 100 Jahren wird mittlerweile eine adäquate gesetzliche Regelung gefordert.[1]

Das Obduktionsrecht ist bis heute nur teilweise gesetzlich geregelt und dies mit unterschiedlichen normativen Vorgaben. Weitere medizinisch-wissenschaftlich sinnvolle Maßnahmen mit dem menschlichen Leichnam sowie Eingriffe in den menschlichen Leichnam haben sich historisch entwickelt. Gesetzliche Regelungen von Leichenschau und insbesondere Obduktionen werfen u. a. auch Fragen nach der Rechtsnatur des Leichnams bzw. verfassungsrechtliche Fragen auf.[2]

[1] Naeve, Über ärztliche Bemühungen um die gesetzliche Einführung von Verwaltungssektionen in Deutschland. Literaturüberblick 1895–1979. Öff. Gesundh.-Wesen 42 (1980) 191–199.

[2] Dettmeyer, Rechtsnatur des Leichnams, in: Brinkmann/Madea (Hrsg.) Handbuch gerichtliche Medizin, Bd. 1, S. 18 ff.

R. Dettmeyer (✉)
Institut für Rechtsmedizin, Universitätsklinikum Gießen und Marburg,
Frankfurter Straße 58, 35392 Gießen, Deutschland
E-Mail: reinhard.dettmeyer@forens.med.uni-giessen.de

A. Wienke et al. (Hrsg.), *Rechtsfragen der Obduktion und postmortalen Gewebespende*, MedR Schriftenreihe Medizinrecht, DOI 10.1007/978-3-642-29473-0_2,

Tab. 1 Übersicht zur Chronologie der Entwicklung der ärztlichen Leichenschau und des Obduktionsrechts in Deutschland und Österreich

1240	Erste nicht-forensische Leichenschau in Salerno
1369	Erwähnung der forensischen Leichenschau im Sachsenspiegel[a]
1532	Constitutio Criminalis Carolina[b]: Art. 147 verlangt eine Leichenschau „so eyner geschlagen wirdt und stirbt und man zweiffelt, ob er an den Wunden gestorben sei“ Art. 149 ordnet die „Besichtigung eynes entleibten vor der begrebnuß“ an
1749	Allgemeine Obduktionserlaubnis für die Med. Fakultät in Wien
1754	Anordnung einer allgemeinen Leichenschau in Wien
1769	Gerichtsmedizinische Sektion in der Constitutio Criminalis Theresiana
1806 und 1835	Allgemeine Leichenschau in Stettin und in Berlin[c]
1828	systematische gerichtliche Sektionen (Carl v. Rokitansky) in Wien
1889	Erlasse zur Übergabe von Leichen Strafgefangener an anatomische Institute in Preußen[d]
1912	Sächsisches Gesetz zur Ablieferung von Leichen zu wissenschaftlichen Zwecken und zur Öffnung von Leichen (sog. „Sächsisches Anatomiegesetz“)[e]
1928	Das LG Bonn stellt in einem Urteil fest: *Die Sektion von in Kliniken verstorbenen Personen ohne Einwilligung der Hinterbliebenen ist rechtswidrig*[f]
1932	Preuß. Erlass zur Regelung von Obduktionen weist die Krankenhausleitungen darauf hin, dass „*es sich empfiehlt, sich des Einverständnisses der Angehörigen des Toten zu vergewissern*“[g]
1937	Die Deutsche Gesellschaft für Gerichtliche und Soziale Medizin fordert auf ihrer 25. Tagung die reichsgesetzliche Einführung von Verwaltungssektionen in allen Fällen, in denen der Leichenschauer keine „einwandfreie Todesursache“ feststellen konnte[h]
Nach 1945	allmähliche Übertragung der Leichenschau auf die niedergelasssenen Ärzte
Seit 1977	Landesgesetze sehen eine obligatorische ärztliche Leichenschau vor (alle Bundesländer der alten Bundesrepublik Deutschland), teilweise mit den drei Todesarten „natürlich“ – „nicht-natürlich“ – „ungeklärt“[i]
1979	„Anordnung über die ärztliche Leichenschau“ in der damaligen DDR (GBl. 1979, S. 4) – regelt Leichenschau und Obduktionen[j]

[a] Homeyer, Des Sachsenspiegels Erster Theil oder das Sächsische Landrecht, nach der Berliner Handschrift v. J. 1369, Drittes Buch, Neunzigster Artikel, § 2

[b] Vgl. Radbruch, Die Peinliche Gerichtsordnung Kaiser Karls V von 1532 (Carolina)

[c] Nach: Dettmeyer/Madea, Regelungsdefizite im Leichenschau- und Obduktionsrecht der Bundesrepublik Deutschland, KritV 2004, 349–370

[d] Preuß. Min.Bl. 1889, S. 13 und S. 222

[e] DJZ 1912, 1292 f

[f] LG Bonn, JW 1928, 2294

[g] Erlass vom 22.12.1932, zit. nach Franzki, Medizinrechtliche Probleme der Obduktion und Sektion, MedR. 1991, S. 223

[h] Merkel, Über die Notwendigkeit der Einführung von Verwaltungssektionen und deren Durchführbarkeit, Dt. Zschr. Ges. Gerichtl. Med. 28 (1937) 1–21

[i] Vgl. Brinkmann/Püschel, Definition natürlicher, unnatürlicher, unklarer Tod. Todesursachenklärung. Derzeitige Praxis. MedR 1991, 233–238

[j] DDR-GBl. 1979, S. 4; siehe auch: Wegener, Zur Rechtslage und Praxis der Obduktionen in der früheren DDR, MedR. 1991, S. 231 ff

Tab. 2 Mögliche und medizinisch-wissenschaftlich sinnvolle Eingriffe am Leichnam

Klassische Obduktion (syn.: Leichenöffnung, innere Leichenschau, Sektion, Autopsie, Nekropsie) mit Eröffnung aller drei Körperhöhlen
Teilsektion (eher selten; z. B. auf Wunsch der Angehörigen)
Entnahme von Organen und Geweben für Transplantationszwecke
Entnahme von Organen, Organproben und Geweben für wissenschaftliche Zwecke (Überführung in Gewebebanken etc.)
Experimentelle Untersuchungen am Leichnam (z. B. Schießversuche, verkehrstraumatologische Untersuchungen wie z. B. sog. Schlittenversuche[a])
Erprobung neuer OP-Techniken
Ganzkörperspende zur Präparation für Ausbildungszwecke (sog. anatomische Sektion) und sog. Körperspende für Zwecke der Plastination[b]

[a] Bernat, Sind sog. Schlittenversuche mit der Leiche nach österreichischem Recht zulässig? Gutachten, erstellt im Auftrag der Ethikkommission der Medizinischen Universität Graz. Rechtsmedizin 15 (2005) 352–362

[b] Tag, Zum Umgang mit der Leiche. Rechtliche Aspekte der dauernden Konservierung menschlicher Körper und Körperteile durch die Plastination. MedR 1998, 387–394

II. Eingriffe und Maßnahmen am Leichnam

Den traditionell häufigsten Eingriff in die Integrität des Leichnams stellt die Obduktion dar mit der Eröffnung aller drei Körperhöhlen, der Entnahme innerer Organe und Gewebe sowie deren genaue Präparation. Diese klassische Obduktion dient vielerlei Zwecken, u. a. der Klärung der Todesursache und der ärztlichen Fort- und Weiterbildung. Bereits im Jahre 1910 wurde die Frage diskutiert, ob Schießversuche an Leichen zulässig sind,[3] zusätzlich sollten Leichen als Versuchsobjekt für z. B. neue OP-Techniken dienen.[4] Erst nach dem zweiten Weltkrieg wurde die Organentnahme vom (hirntoten) Leichnam (sog. „warme" Leiche) aktuell und seit einigen Jahren findet die postmortale Entnahme von Organ- und Gewebeproben (von der sog. „kalten Leiche") für Zwecke der Transplantation verstärkt Beachtung (Überführung in Gewebebanken etc.). Eine Übersicht zu den möglichen und medizinisch-wissenschaftlich sinnvollen Eingriffen am Leichnam findet sich in Tab. 2.

Quantitativ am bedeutsamsten ist die Vornahme einer Obduktion zur Klärung der Todesursache und der Todesart. Selbstverständlich hat der Umgang mit dem Leichnam und auch mit einer „toten Leibesfrucht" entsprechend pietätvoll zu erfolgen,[5] insoweit ist auf den strafrechtlichen Schutz der Totenruhe zu verweisen, § 168 StGB.[6]

[3] Klee, Sind Schießversuche an Leichen zulässig? DJZ 1910, 1404.

[4] Dazu auch: Pluisch/Heifer, Die rechtliche Zulässigkeit von Leichenversuchen. NJW 1994, 2377 ff.

[5] Vgl. Preuß, Pietät in der Rechtsmedizin. Autopsie eines Begriffs. Rechtsmedizin 21 (2011) 286–290; Saternus, Zum Umgang mit der menschlichen Leiche aus der Sicht des Rechtsmediziners. In: Wellmer, Bockenheimer-Lucius (Hrsg.) Zum Umgang mit der Leiche in der Medizin. Schmidt-Römhild, Lübeck, S. 211–217.

[6] Vgl. auch: Kijewski, Die Einwilligung in Leichensektionen im Lichte des strafrechtlichen Schutzes der Totenruhe, Tectum-Verlag, Marburg 2007.

III. Der Leichnam als Gegenstand einer Obduktion

Gegenstand einer Obduktion ist der menschliche Leichnam. Legaldefinitionen in einigen Landesgesetzen legen fest, wann ein Leichnam vorliegt und wann dies nicht mehr der Fall sein soll. So heißt es in § 1 Abs. 1 und 2 im „Gesetz über das Leichenwesen“ der Freien Hansestadt Bremen:

1. Menschliche Leiche im Sinne dieses Gesetzes ist der Körper einer verstorbenen Person, bei dem der körperliche Zusammenhang noch nicht durch Verwesungsprozeß völlig aufgehoben ist. Als menschliche Leiche gilt auch ein Körperteil, ohne den ein Weiterleben nicht möglich ist. Als menschliche Leiche gilt weiter der Körper eines Neugeborenen, bei dem nach vollständigem Verlassen des Mutterleibes, unabhängig vom Durchtrennen der Nabelschnur oder von der Ausstoßung der Plazenta
   a. entweder das Herz geschlagen oder die Nabelschnur pulsiert hat (Lebendgeborenes) und das danach verstorben ist oder
   b. keines der unter 1 genannten Lebenszeichen vorhanden war, das Geburtsgewicht jedoch mindestens 500 g betrug (Totgeborenes)
2. Keine menschliche Leiche ist eine Leibesfrucht mit einem Gewicht unter 500 g, bei der nach vollständigem Verlassen des Mutterleibes keine der in Absatz 1 Nr. 1 genannten Lebenszeichen vorhanden war (Fehlgeborenes).

Dieser Gesetzeswortlaut liefert zugleich Legaldefinitionen für die Begriffe „Lebendgeborenes“, „Totgeborenes“ und „Fehlgeborenes“. Einzelne Gesetze anderer Bundesländer bieten eine erweiterte Definition. So lautet § 3 Abs. 1 S. 4 des thüringischen Bestattungsgesetzes:

> Als menschliche Leiche gilt auch ein Kopf oder ein Rumpf. .... Ebenfalls als menschliche Leiche gelten das Skelett eines Menschen und die Körperteile im Sinne des Satzes 2 in skelettierter Form.

Die Definition im Bremer Landesgesetz findet sich auch in anderen Landesgesetzen und ist bundesweit akzeptiert, so dass Tot- und Fehlgeborene unter 500 g nicht als menschliche Leichen gelten. Insoweit gelten für diese Embryonen bzw. Feten nicht die Vorschriften des Obduktionsrechts. Es bedarf jedenfalls derzeit keines Obduktionsantrages bzw. einer Obduktionsanordnung mit Beachtung des vorgeschriebenen Procedere wie bei einer Obduktion. Soweit in der Rechtsmedizin oder in der Pathologie Embryonen bzw. Feten mit einem Gewicht von weniger als 500 g nach Tot- bzw. Fehlgeburt präpariert werden, bedarf es, wie bei anderen Untersuchungsmaterialien auch, lediglich eines entsprechenden Untersuchungsauftrages (z. B. seitens der behandelnden Ärzte oder der Staatsanwaltschaft bzw. Polizei). Dies geschieht derzeit routinemäßig vor allem nach Schwangerschaftsabbrüchen gemäß §§ 218 ff. StGB. Für Tot- und Fehlgeborene unter 500 g, die nicht als menschliche Leichen gelten, gibt es Empfehlungen der Deutschen Krankenhausgesellschaft zum Umgang mit Tot- und Fehlgeburten.[7]

[7] DKG-Empfehlung zum Umgang mit Tot- und Fehlgeburten. Das Krankenhaus 1999, S. 696.

IV. Rechtsgrundlagen für eine Obduktion

Liegt ein Leichnam im Sinne des Gesetzes vor, so gibt es für die Durchführung einer Obduktion unterschiedliche Rechtsgrundlagen. Einerseits – soweit die Gesetzgebungskompetenz nicht bei den Ländern, sondern beim Bund liegt – gibt das Bundesrecht in speziellen Fällen Vorgaben für die Anordnung einer Obduktion. Andererseits fällt gerade die Regelung der häufigen klinisch-wissenschaftlichen Sektion sowie die Obduktion von Todesfällen außerhalb von Kliniken und Krankenhäusern bei natürlichem Tod in die Gesetzgebungskompetenz der Bundesländer, soweit nicht Bundeskompetenz gegeben ist.

1. Bundesrecht

Relativ unumstritten sind die in Bundesgesetzen verankerten Möglichkeiten der Herbeiführung einer Obduktion:

a. Strafprozessuale bzw. gerichtliche Sektion gem. §§ 87 ff. StPO (mit Konkretisierungen in den „Richtlinien für das Strafverfahren und das Bußgeldverfahren" (RiStBV)[8]
b. Sog. „Seuchensektion" gem. § 26 Abs. 3 i. V. m. § 6 Abs. 1 Infektionsschutzgesetz (IfSG)
c. Feuerbestattungssektion gem. Feuerbestattungsgesetz (soweit überhaupt noch geltend) – bei amtsärztlich nach sog. Kremationsleichenschau wegen Unklarheiten hinsichtlich der Todesursache verweigerter Kremation des Leichnam[9]
d. Sozialversicherungsrechtliche (berufsgenossenschaftliche) Obduktion gem. §§ 103 ff. SGB VII[10]

Bei der sozialversicherungsrechtlich begründeten (wie bei der privatversicherungsrechtlich veranlassbaren) Obduktion haben die potentiell Begünstigten im Regelfall die Möglichkeit der Obduktion zu widersprechen, allerdings mit nachteiligen Konsequenzen hinsichtlich der Beweislage vor Gericht.[11]

[8] Für die strafprozessuale Obduktion wurden Anforderungen an den notwendigen Umfang der Obduktion und die Qualität der Dokumentation formuliert: Brinkmann, Harmonisation of medicolegal autopsy rules, International Journal of Legal Medicine 113 (1999) 1–14.

[9] Siehe § 3 II Ziff. 2 Feuerbestattungsgesetz vom 15. Mai 1934, RGBl. I S. 380.

[10] Vgl. Unfallversicherungseinordnungsgesetz – UVEG; BGBl. 1996 I Nr. 43, S. 1254 ff. evtl. in Verbindung mit der Berufskrankenheitenverordnung (BKV).

[11] BGH VersR 1991, 1365; LG Köln NJW 1991, 2974; dazu auch: Jansen, Unterbliebene Sektion und Umkehr der Beweislast im Arzthaftpflichtprozeß, Pathologe 1993, 68 ff.

2. Landesrecht

Neben den bundesgesetzlich gegebenen Rechtsgrundlagen für eine Obduktion finden sich in den Landesgesetzen einer Reihe von Bundesländern sowie in Krankenhausaufnahmeverträgen Regelungen für weitere Obduktionsarten:

a. Die klinisch-wissenschaftliche Sektion – teils auf der Grundlage von Krankenhausaufnahmeverträgen, teils explizit landesrechtlich geregelt
b. Die Anatomische Obduktion, definiert als: *„Anatomische Sektion ist die Zergliederung von Leichen oder Leichenteilen in anatomischen Instituten zum Zwecke der Lehre und Forschung über den Aufbau des menschlichen Körpers“*[12]
c. Privatversicherungsrechtlich begründete Obduktion – gem. Versicherungsvertrag
d. Obduktionen im Auftrag der Totensorgeberechtigten (sog. Privatsektionen)

Privatsektionen werden sowohl von Pathologen als auch von Rechtsmedizinern durchgeführt, ein Angebot von dem eher selten Gebrauch gemacht wird. Neben der Klärung der Todesursache geht es dann vorrangig um mögliche versicherungsrechtliche Ansprüche und der Versicherungsträger hat eine Obduktion nicht für erforderlich gehalten oder es soll zunächst ohne Einschaltung von Polizei und Staatsanwaltschaft geklärt werden, ob Anhaltspunkte für einen Behandlungsfehler vorliegen.

V. Begriff der „Verwaltungssektion“

Neben diesen Obduktionsarten auf Bundes- bzw. Landesebene findet sich in der Literatur – zurückreichend bis in das 19. Jahrhundert – der Begriff der „Verwaltungssektion“. Dieser Begriff „Verwaltungssektion“ ist nicht legaldefiniert, es handelt sich um Obduktionen auf Veranlassung oder Anordnung einer Behörde – im engeren Sinne gemeint bei allein medizinisch unklaren Todesfällen, bei denen eine sonstige Rechtsgrundlage für eine Obduktion nicht gegeben ist. Der Verwaltungssektion zugeordnet wird z. B. die Regelung des § 12 brem. „Gesetz über das Leichenwesen“:

> Die Staatsanwaltschaft kann durch die zuständige Behörde eine außergerichtliche Obduktion durchführen lassen.

Dies entspricht einer Regelung in der früheren Bremer Gesundheitsdienstordnung, nach der die Polizeibehörde im Einvernehmen mit dem Gesundheitsamt u. a. bei Verdacht auf Suizid oder Unglücksfall eine Obduktion anordnen konnte.[13] Auch Regelungen in Hamburg lassen sich als Verwaltungssektion ansehen (s. unten).

---

[12] Vgl. § 7 Berliner Sektionsgesetz v. 18. Juni 1996, GVBL. Nr. 32, S. 237 ff.

[13] Vgl. § 18 brem. Gesundheitsdienstordnung v. 13. September 1935, GBl. S. 191.

1. Vorschläge zur Einführung einer sog. „Verwaltungssektion" und sonstige Vorschläge zur Verbesserung des Obduktionsrechts

Im Laufe der Jahre und Jahrzehnte gab es eine Reihe von teilweise ausformulierten Vorschlägen und Forderungen zur Verbesserung und Vereinheitlichung des Obduktionsrechts in Deutschland. Die wichtigsten Vorschläge und Forderungen sollen kurz dargelegt werden.

a. Vorschlag aus dem Jahre 1966 auf der 45. Tagung der Deutschen Gesellschaft für gerichtliche und soziale Medizin[14] in Freiburg i. Br.

> Besteht kein unmittelbarer Verdacht auf eine schwere strafbare Handlung, insbesondere ein Verbrechen, liegt aber die Klärung der Todesursache und der Vorgänge vor dem Tode im öffentlichen Interesse, so ordnet der Staatsanwalt oder Richter eine behördliche Leichenöffnung an; ….

Dieser Formulierungsvorschlag fand seinerzeit keine Ergänzung durch Verfahrensvorschriften, allein die behördlich-richterliche Anordnung sollte ausreichen. Allerdings hatte dieser Vorschlag keine unmittelbaren Konsequenzen. In den Jahren 1972 und 1973 gab es in Berlin Entwürfe zur Regelung der klinischen und der anatomischen Sektion, einerseits vom damaligen Berliner Senat, andererseits von der damaligen Berliner CDU-Fraktion.[15] Soweit die §§ 87 ff. StPO als Rechtsgrundlage für eine Obduktion herangezogen werden können, wird gelegentlich die Position vertreten, die Staatsanwaltschaft sei berechtigt und dem Legalitätsprinzip folgend auch verpflichtet, Leichenöffnungen zu beantragen, wenn ein nicht-natürlicher Tod nicht von vorherein eindeutig ausgeschlossen werden kann und „eine Obduktion geeignet ist, tatsächliche Anhaltspunkte für oder gegen eine insoweit strafbare Handlung zutage zu fördern".[16] Anschließend wird gefolgert, daneben bedürfe es nicht mehr der Einführung einer Verwaltungssektion, die Leichenöffnung im Rahmen der Untersuchung in Leichensachen gemäß §§ 159, 87 Abs. 4 StPO i. V. m. Nr. 33 f. der Richtlinien für das Strafverfahren und das Bußgeldverfahren (RiStBV) schließe alle Fälle ein, für die eine Verwaltungssektion gefordert werde. Würde diese Ansicht zutreffen, dürfte es kaum Fälle von zunächst beschlagnahmten aber später ohne Obduktion zur Bestattung freigegebenen Leichen geben, bei denen die Todesursache nicht bekannt ist. Dies ist offenkundig nicht der Fall. Würden die Staatsanwaltschaften ihr Ermessen in der genannten Art und Weise anwenden, so müssten z. B. Fälle von sog. plötzlichen Kindstod auch ohne jeden Anhalt für ein Fremdverschulden immer obduziert werden, denn in diesen Fällen sind Todesursache und Todesart immer

---

[14] Nach: Naeve, a. a. O. Fn. 1.

[15] Drs. 6/585 (Senats-Entwurf) und Drs. 6/948 (Entwurf der Berliner CDU-Franktion); die Entwürfe sind abgedruckt in: Dettmeyer, Verfassungsrecht und Verwaltungssektion, Bochumer Schriften zum Sozialrecht (BOSS), Band. 3, Europäischer Verlag der Wissenschaften, Frankfurt a. M. 1999, S. 215–225.

[16] Schweitzer, Zu Problemen von Leichenschau und Todesbescheinigung unter besonderer Berücksichtigung des Strafrechts, S. 98/99.

unklar. Insofern wurde völlig zutreffend schon vor Jahren darauf hingewiesen, dass die Erforschung des plötzlichen Kindstodes durch die gegenwärtige Rechtslage, die Todesfälle außerhalb von Kliniken und Krankenhäusern nicht erfasst, behindert wird, weil für solche Fälle die Möglichkeit einer sog. Verwaltungsobduktion kaum gegeben ist.[17] Im Jahre 1978 wurde die Thematik erneut belebt durch Vorschläge einer Bund-Länder-Arbeitsgruppe.

b. Bund-Länder-Arbeitsgruppe

Im Jahre 1978 befasste sich eine Bund-Länder-Arbeitsgruppe mit Rechtsfragen der Obduktion.[18] Ohne konkrete Vorschläge zur Frage der Einbeziehung der Menschen zu Lebzeiten bzw. zur Einbeziehung der Angehörigen/Hinterbliebenen zu treffen, wurde von der Mehrheit eine allgemeine Pflichtobduktion befürwortet. Dies auch vor dem Hintergrund, das, wer ein hochdifferenziertes und gutes Gesundheitswesen in Anspruch nehme, seinerseits auch bereit sein müsse, den medizinischen Fortschritt durch Überlassen seines Leichnams für eine Obduktion zu unterstützen. Schließlich profitiere der Mensch zu Lebzeiten von den wertvollen Erkenntnissen, die durch frühere Obduktionen gewonnen wurden und zukünftige Patienten profitierten von den Ergebnissen weiterer Obduktionen. Da sich die Bund-Länder-Arbeitsgruppe jedoch nicht auf eine gemeinsame Stellungnahme einigen konnte, gab es ein Mehrheits- und ein Minderheitsvotum:

> **Mehrheitslösung, Kommissionsbericht 1978, S. 24/25:**
> Die Mehrheit der Arbeitsgruppe sprach sich dafür aus, die Zulässigkeit einer inneren Leichenschau grundsätzlich allein von der medizinischen Notwendigkeit abhängig zu machen, sofern nur der Tod des zu Sezierenden im Krankenhaus eingetreten ist. Einzige Ausnahme soll für den Fall gelten, daß der Verstorbene einer Sektion ausdrücklich widersprochen hatte. Die gesundheitspolitischen und anderen medizinischen Aspekte, die oben (vgl. S. 15 f.) geschildert worden sind, lassen nach der Mehrheitsmeinung eine derartige Pflichtsektionslösung geboten erscheinen.

Eine Minderheit der Bund-Länder-Arbeitsgruppe legte den Wortlaut eines eigenen Gesetzesvorschlages vor, vorgesehen als Einführung eines neuen § 168c StGB zur Regelung der Straflosigkeit der inneren Leichenschau bzw. Obduktion.

> **Minderheitslösung, Kommissionsbericht 1978, S. 37; Entwurf II schlägt die Einführung eines § 168c StGB vor: Straflosigkeit der inneren Leichenschau**
> 1. Eine innere Leichenschau nach Ablauf von drei Stunden seit dem Stillstand des Kreislaufs des Verstorbenen ist nicht nach § 168a strafbar, wenn sie von einem Arzt oder unter der Leitung eines Arztes vorgenommen wird und
>   a. der Verstorbene eingewilligt hatte
>   b. der nächste Angehörige (§ 168 b Abs. 3) … einwilligt und dem Arzt ein entgegenstehender Wille des Verstorbenen nicht bekannt geworden ist oder

[17] Vgl. Albani, Der plötzliche Säuglingstod: Eine absolute Obduktionsindikation, MedR. 1991, S. 243 ff.

[18] Bund-Länder-Arbeitsgruppe, Bericht zur Vorbereitung einer gesetzlichen Regelung der Transplantation und Sektion. BMJ, Bibliothek – Q 80a 48 K – ohne Angabe von Erscheinungsort und Erscheinungsjahr.

c. dem Arzt ein entgegenstehender Wille des Verstorbenen oder eines der nächsten Angehörigen des Verstorbenen nicht bekannt geworden ist und
   - einer der nächsten Angehörigen des Verstorbenen mindestens sechs Stunden vor Beginn der inneren Leichenschau vom Eintritt des Todes, von der Absicht, eine innere Leichenschau durchzuführen, sowie davon Kenntnis erhalten hat, wo sich die Leiche bis zum Beginn der inneren Leichenschau befindet, und
   - keiner der nächsten Angehörigen der inneren Leichenschau gegenüber der verwahrenden Stelle widersprochen hat.

Der Vorschlag der Minderheit der Bund-Länder-Arbeitsgruppe bedeutet im Ergebnis eine erweiterte Widerspruchslösung (s. unten) nach Information der Hinterbliebenen über den Todeseintritt und über die Absicht, eine Obduktion durchzuführen. Im Jahre 1979 gab es in der Literatur von Brugger & Kühn Vorschläge, die einen Katalog mit Indikationen enthielten, bei deren Vorliegen eine Obduktion über eine entsprechende gesetzliche Regelung ermöglicht werden sollte.[19]

c. Vorschläge von Brugger/Kühn (1979)

Während sich der Katalog eng anlehnt an die Regelungen in der ehemaligen DDR (s. unten), nehmen Brugger & Kühn keine Differenzierung vor nach Indikationen, bei denen obduziert werden muss und solchen Indikationen, bei denen obduziert werden soll. Im Wortlaut heißt es bei Brugger & Kühn:

1. Bei in öffentlichen Krankenhäusern Verstorbenen kann eine Obduktion durchgeführt werden,
   - wenn hierfür ein wissenschaftliches Interesse besteht
   - wenn die vorliegenden Krankheiten und Todesursachen nicht hinreichend klinisch geklärt werden konnten
   - wenn eine ansteckende Krankheit oder eine Geschwulst- oder Systemerkrankung oder eine sonstige Erkrankung von besonderem ärztlichen Interesse vorliegt
   - wenn der Patient im Verlaufe oder im Anschluß an eine Operation oder andere schwerwiegende Heileingriffe verstorben ist
   - bei Todesfällen in der Schwangerschaft
   - bei während und innerhalb von 6 Wochen nach der Entbindung Verstorbenen
   - bei allen Todesfällen von Kindern
2. Eine Sektion (Verwaltungssektion) kann bei Zuhause Verstorbenen auf Antrag des leichenschauhaltenden Arztes beim zuständigen Gesundheitsamt durchgeführt werden,
   - wenn die zum Tode führende Krankheit bzw. die Todesursache durch die äußere Leichenschau nicht verlässlich aufgeklärt werden kann, insbesondere bei allen akut Verstorbenen, die sich nicht in den letzten 14 Tagen vor dem Tode in ärztlicher Behandlung befanden
   - bei Verdacht auf Vorliegen einer Seuche
   - bei Verdacht auf unnatürlichen Tod, soweit nicht eine gerichtliche Sektion angeordnet wurde
   - bei Todesfällen von Schwangeren, Gebärenden, sowie 6 Wochen nach der Entbindung
   - bei allen Todesfällen von Kindern

---

[19] Brugger/Kühn, Sektion der menschlichen Leiche – Zur Entwicklung des Obduktionswesens aus medizinischer und rechtlicher Sicht. Enke-Verlag, Stuttgart 1979.

– bei Verstorbenen, die an Krankheiten litten, denen besondere wissenschaftliche und ärztliche Bedeutung zukommt

Ergeben sich bei der Sektion bisher noch nicht bekannte Anhaltspunkte darüber, dass der Verstorbene eines nicht-natürlichen Todes gestorben ist, hat der die Sektion durchführende Arzt sofort die Staatsanwaltschaft oder die Polizeibehörde davon zu benachrichtigen.

Von einer Sektion sollte dann Abstand genommen werden, wenn der Verstorbene zu Lebzeiten eindeutig widersprochen hatte. Die Ansichten der Angehörigen werden danach nicht berücksichtigt! Auch Brugger & Kühn verwenden den Begriff „Verwaltungssektion" ohne eine Definition zu liefern.

2. Reformforderungen und Reformvorschläge 93. Deutscher Ärztetag 1990

Im Jahre 1990 forderte der 93. Deutsche Ärztetag den Vorstand der Bundesärztekammer zur Initiative auf, mit dem Ziel der Herbeiführung eines Bundesobduktionsgesetzes. Vor dem Hintergrund der Verteilung der Gesetzgebungskompetenz auf Bund und Länder musste eine solche geforderte Initiative der Bundesärztekammer von vornherein als aussichtslos angesehen werden.

Der Vorstand der Bundesärztekammer wird aufgefordert, den Bundesgesetzgeber zu bitten, ein Obduktionsgesetz zu beraten und zu beschließen. Grundlage eines Obduktionsgesetzes soll eine indikative Lösung sein, die bewährten Regelungen, wie z. B. in der DDR und Österreich folgt.[20]

Dennoch ist es begrüßenswert, dass der Deutsche Ärztetag für den Fall der Verabschiedung eines Obduktionsgesetzes eine Orientierung an Regelungen in der früheren DDR und in Österreich fordert. Diese Regelungen finden sich in § 8 DDR-Leichenschauanordnung[21] und in § 25 österreichisches Krankenanstaltengesetz v. 07.01.1957. Der Indikationenkatalog in der früheren DDR unterschied Indikationen, bei deren Vorliegen obduziert werden „muss" und solchen, bei denen obduziert werden „soll".

§ 8 der „Anordnung über die ärztliche Leichenschau" der DDR (GBl. 1979, S. 4 ff.)

1. Zur Vervollständigung der Ergebnisse der Leichenschau muß in folgenden Fällen eine Leichenöffnung vorgenommen werden:
   a. bei Verstorbenen, bei denen nach Besichtigung und Untersuchung der Leiche und im Ergebnis der Ermittlungen die Todesursache nicht festgestellt werden konnte,
   b. bei verstorbenen Schwangeren und Kreißenden sowie bei Wöchnerinnen, bei denen der Tod innerhalb von 6 Wochen nach der Entbindung eingetreten ist,
   c. bei Totgeborenen,
   d. bei Verstorbenen, die bei Eintritt des Todes das 16. Lebensjahr noch nicht vollendet hatten,
   e. auf begründeten Wunsch der Angehörigen

[20] Dtsch Ärztbl 87 (1990) 1121–1136.

[21] „Anordnung über die ärztliche Leichenschau" v. 04. Dezember 1978, DDR-GBl. 1979, S. 4.

2. Eine Leichenöffnung soll vorgenommen werden:
   a. bei Verstorbenen, die eines nichtnatürlichen Todes gestorben sind oder bei denen die Todesart nicht aufgeklärt ist,
   b. bei Verstorbenen mit
      – einer meldepflichtigen übertragbaren Krankheit oder
      – einer Berufskrankheit oder
      – einer meldepflichtigen Geschwulstkrankheit oder bei denen der Verdacht auf eine der genannten Krankheiten besteht,
   c. bei Verstorbenen, bei denen innerhalb der letzten 4 Wochen vor Eintritt des Todes eine Schutzimpfung vorgenommen wurde,
   d. bei Verstorbenen mit transplantierten oder implantierten inneren Organen oder Organteilen,
   e. bei begründetem wissenschaftlichen Interesse,
   f. bei Verstorbenen mit implantiertem Herzschrittmacher

Der Wortlaut der österreichischen Regelung im Gesetz von 1957 wurde unverändert aus dem Krankenanstaltengesetz von 1920 übernommen und hat eher generalklauselartigen Charakter.

§ 25 Abs. 1 Österreichisches Krankenanstaltengesetz v. 07.01.1957
Die Leichen der in öffentlichen Krankenanstalten verstorbenen Pfleglinge sind zu obduzieren, wenn die Obduktion sanitätspolizeilich oder gerichtlich angeordnet wurde oder zur Wahrung anderer öffentlicher oder wissenschaftlicher Interessen, insbesondere wegen diagnostischer Unklarheiten des Falles oder wegen eines angenommenen operativen Eingriffs erforderlich ist.[22]

Bereits im Jahre 1991 wurden die „Einbecker Empfehlungen zu Rechtsfragen der Obduktion" der Deutschen Gesellschaft für Medizinrecht verabschiedet.[23]

3. Einbecker Empfehlungen der DGMR von 1991

Diese „Einbecker Empfehlungen zu Rechtsfragen der Obduktion" enthielten neben auch heute noch zutreffenden Statements zur damaligen Situation drei wichtige Punkte:

1. Eine Obduktionsregelung in Krankenhausaufnahmeverträgen ist grundsätzlich zulässig
2. Eine klinische Obduktion soll auch zulässig sein, wenn die Angehörigen auf diese Möglichkeit hingewiesen wurden und nicht widersprochen haben
3. Es bedarf einer gesetzgeberischen Regelung, um auch den Leichnam der außerhalb von Kliniken und Krankenhäusern Verstorbenen einer Obduktion zuführen zu können.

---

22 Krankenanstaltengesetz vom 15.07.1920, Staatsblatt für die Republik Österreich 1920, Teil 2, 1376 ff.; der die Frage der Obduktionen regelnde § 31 dieses Gesetzes wurde unverändert übernommen in § 25 des Gesetzes vom 07.01.1957, BGBl. für die Republik Österreich 1957, Stück 1.

23 MedR 1991, 76.

Gerade mit Punkt 3 wurde eine schon lange bestehende und auch heute noch gegebene Gesetzeslücke aufgezeigt. Für außerhalb von Kliniken und Krankenhäusern Verstorbene gibt es keine Rechtsgrundlage zur Durchführung einer Obduktion, wenn die Voraussetzungen für eine Obduktion auf anderer Rechtsgrundlage nicht vorliegen (was meistens der Fall ist) und die Todesursache medizinisch vollkommen unklar ist. Darüber hinaus wird in den Empfehlungen festgestellt, dass die bereits vor mehr als 20 Jahren niedrige Sektionsquote zuverlässige Statistiken verhindert und angesichts der Unsicherheiten bei der ärztlichen Leichenschau die Durchführung einer Obduktion alternativlos ist. Zwei weitere Punkte lauten:

> Eine klinische Sektion... ist jedoch dann zulässig, wenn der Patient oder, nach seinem Ableben, seine Angehörigen auf die Möglichkeit einer Sektion hingewiesen wurden und dieser nicht widersprochen haben.

Weiter heißt es:

> Der Gesetzgeber soll Regelungen treffen, die Rechtssicherheit schaffen und Sektionen im erforderlichen Ausmaß erlauben. Diese Regelungen sollen sich nicht auf klinische Sektionen beschränken, sondern auch Todesfälle außerhalb der Klinik umfassen.

In der Folgezeit wurden, in enger Anlehnung an die Diskussionen zum Transplantationsrecht, verschiedene Lösungsmodelle erwogen, um dem Willen des Verstorbenen Rechnung zu tragen. Dabei ist unstrittig, dass die Hinterbliebenen bei der Frage nach einer Obduktion nicht ihre eigene Ansicht durchsetzen dürfen, sondern allein dem Willen des Verstorbenen Geltung zu verschaffen haben, auch wenn dieser Wille nicht den eigenen Vorstellungen entspricht.

VI. Lösungsmodelle

Die diskutierten Lösungsmodelle lassen sich folgendermaßen kurz zusammenfassen:

- Enge Zustimmungslösung – Einwilligung zu Lebzeiten
- Erweiterte Zustimmungslösung – Einwilligung der Hinterbliebenen bei fehlendem Widerspruch zu Lebzeiten
- Enge Widerspruchslösung – Obduktion zulässig, wenn kein Widerspruch zu Lebzeiten
- Erweiterte Widerspruchslösung – Obduktion zulässig, wenn kein Widerspruch zu Lebzeiten und kein Widerspruch der Hinterbliebenen (meist nach Ablauf einer Widerspruchsfrist)
- Informationslösung – Obduktion zulässig, wenn kein Widerspruch zu Lebzeiten bekannt und nach Information der Hinterbliebenen und Ablauf einer Widerspruchsfrist bei fehlendem Widerspruch der Hinterbliebenen
- Anordnung einer Obduktion auch ohne Einwilligung

In den Jahren nach 1991 wurden eine Reihe von Landesgesetzgebern aktiv und verabschiedeten Regelungen sowohl zur ärztlichen Leichenschau als auch zur Durchführung von klinischen und anatomischen Sektionen. Nur wenige Gesetzgeber

(Hamburg, Bremen) verankerten als Möglichkeit der Veranlassung einer Obduktion Regelungen, die man als die geforderte „Verwaltungssektion“ bezeichnen kann.

VII. Landesgesetzliche Regelungen seit 1991

Die neueren Leichenschau- und Bestattungsgesetze der Bundesländer seit 1991 enthalten teilweise auch Regelungen zur Obduktion; chronologisch betrachtet sind folgende Landesgesetze zu nennen:

- 1992 – Bremer Gesetz über das Leichenwesen (GBl. Nr. 52, S. 627 ff.)
- 1994 – Sächsisches Bestattungsgesetz (GVBl. S. 1321 ff.)
- 2000 – Hamburgisches Sektionsgesetz (HmGVBL. S. 38 ff.)
- 2001 – Brandenburg. Bestattungsgesetz (GVBl. S. 226 ff.)
- 2002 – Bestattungsgesetz Sachsen-Anhalt (GVBl. S. 46 ff.)
- 2003 – Bestattungsgesetz NRW (GV.NRW Nr. 29, S. 313 ff.)
- 2004 – Friedhofs- und Bestattungsgesetz des Saarlandes (Amtsbl. S. 2920 ff.)
- 2004 – Thüringisches Bestattungsgesetz (GVBl. S. 505 ff.)
- 2005 – Niedersächsisches Bestattungsgesetz (Nds. GVBl. S. 381 ff.)
- 2005 – Bestattungsgesetz Schleswig-Holstein (GVBl. S. 70 ff.)
- 2007 – Friedhofs- und Bestattungsgesetz (FBG) Hessen (GVBl. I S. 338)

Diese und weitere Landesgesetze sind zwischenzeitlich z. T. mehrfach novelliert worden, teilweise gibt es Durchführungsverordnungen (DVO). Bemerkenswertere Regelungen im Leichenschau- und Obduktionsrecht sollen nachfolgend erwähnt werden. So heißt es im „Gesetz über das Leichenwesen“ v. 17.10.1992 der Freien Hansestadt Bremen[24]– dort § 11 Abs. 1:

> ... Liegt eine Erklärung der verstorbenen Person nicht vor und hat diese einer Obduktion nicht widersprochen, kann die Obduktion vorgenommen werden, wenn ein Angehöriger über die Absicht, eine Obduktion durchzuführen und über die Möglichkeit, dieser innerhalb von 24 Stunden ohne Angabe von Gründen zu widersprechen, informiert worden ist und innerhalb dieser Frist kein Widerspruch erfolgt ist. ...

Ebenso z. B. § 9 Abs. 2 schleswig-holst. Bestattungsgesetz v. 04.02.2005[25]– ebenfalls mit einer 24-Stunden-Frist (sog. erweiterte Widerspruchslösung). Dagegen verweist § 10 des Bestattungsgesetzes NRW vom 30.06.2003[26] bei Fehlen einer schriftlichen Einwilligung des Verstorbenen auf die Vorschriften des Transplantationsgesetzes von 1997, d. h. die Hinterbliebenen müssen einer Obduktion zustimmen (sog. erweiterte Zustimmungslösung). Hamburg hat ein eigenes Obduktionsgesetz: „Gesetz zur Regelung von klinischen, rechtsmedizinischen und

[24] GBl. NR. 52, S. 627 ff.

[25] GVBl. S. 70 f.

[26] GV. NRW Nr. 29, S. 313 ff.

anatomischen Sektionen“ vom 09. Februar 2000.[27] Danach ist die klinische Sektion gem. § 4 Abs. 1 zulässig, wenn die Einwilligung der Hinterbliebenen schriftlich vorliegt (auch telefonisch, dann muss eine Dokumentation erfolgen; sog. erweiterte Zustimmungslösung). Ansonsten ist eine Obduktion bei fehlendem Widerspruch zu Lebzeiten auch ohne Einwilligung der Hinterbliebenen möglich auf Anordnung des Leiters der Pathologie im Einvernehmen mit dem ärztlichen Direktor, wenn

- der Patient krankheitsbedingt eine schriftliche Erklärung nicht geben konnte
- Angehörige innerhalb von 24 Std. nicht erreicht werden konnten
- die Sektion als so dringend zur Fürsorge für die Hinterbliebenen oder zur Qualitätssicherung anzusehen ist, dass bei Abwägung das Interesse an ihrer Durchführung die fehlende Einwilligung der Betroffenen überwiegt.

In gleicher Weise ist die rechtsmedizinische Sektion in Hamburg geregelt. Diese ist zunächst gem. § 9 Abs. 1 zulässig mit Einwilligung der Hinterbliebenen nach Aufklärung und Information (sog. erweiterte Einwilligungslösung). Nach Freigabe des Leichnams durch die Staatsanwaltschaft ist die Obduktion auf Anordnung des Leiters der Rechtsmedizin (oder eines Facharztes für Rechtsmedizin) auch ohne Einwilligung möglich, wenn

- Angehörige oder eine bevollmächtigte Person binnen 24 Stunden nach dem Tode nicht erreicht und befragt werden konnten und
- die Sektion aus rechtsmedizinischer Sicht wegen völliger Unklarheit der Todesursache, zur Fürsorge für die Hinterbliebenen, zur Beweissicherung oder zur Qualitätssicherung als so dringend anzusehen ist, dass bei Abwägung das Interesse an ihrer Durchführung die fehlende Einwilligung überwiegt.

Wie in anderen Landesgesetzen auch ist im Übrigen die anatomische Sektion zulässig unter der Leitung von Hochschullehrerinnen und Hochschullehrern der Anatomie zu Ausbildungszwecken, nach der Leichenschau und nur wenn die Zustimmung zu Lebzeiten erteilt wurde.

Eine andere Regelung findet sich im niedersächsischen Bestattungsgesetz. Dort ist die innere Leichenschau zulässig wenn

1. ein erhebliches rechtliches oder ein erhebliches medizinisches Interesse an der Überprüfung oder weiteren Aufklärung der Todesursache besteht und die… Bestattungspflichtigen der Sektion nicht widersprechen oder
2. die Sektion Zwecken der Forschung oder der medizinischen Ausbildung dient und die verstorbene Person schriftlich ihr Einverständnis mit der Sektion erklärt hatte.

Das heißt, in Niedersachsen reicht für die klinische Sektion eine erweiterte Widerspruchslösung, eine Sektion für die Forschung und für Ausbildungszwecke bedarf aber des Einverständnisses zu Lebzeiten.

Während einige Bundesländer die Obduktion nur Fachärzten für Pathologie und/oder Rechtsmedizin erlauben wollen, darf nach dem Wortlaut des niedersächsischen

[27] HmGVBl. 2000, S. 19.

Bestattungsgesetzes[28] grundsätzlich jeder Arzt eine Obduktion durchführen. Dort heißt es:

> Die Sektion darf nur durch Ärztinnen oder Ärzte oder unter deren Aufsicht durchgeführt werden.

Und dann folgt eine eher missverständliche Formulierung:

> Sie ist in Fällen des Satzes 1 Nr. 1 auf den zur Erreichung ihres Zwecks notwendigen Umfang zu beschränken.

Diese Regelung lässt sich auch so verstehen, dass eine Obduktion z. B. abzubrechen ist, wenn ihr Zweck, z. B. Klärung der Todesursache, erreicht wurde. Etwaige weitere bedeutsame Befunde könnten dann nicht mehr erhoben werden, unklar ist, wie weit die Abklärung denkbarer konkurrierender Todesursachen dann zulässig sein soll. Doch damit nicht genug der Besonderheiten im Leichenschau- und Obduktionsrecht. Es seien einige weitere Punkte genannt:

§ 10 Abs. 1 S. 3 und 4 BestattG NRW regelt ausdrücklich:

> Die Einwilligung kann nach Aufklärung auch mit einer vorformulierten Erklärung erteilt werden. Die Krankenhäuser sind verpflichtet, anlässlich des Abschlusses eines Aufnahmevertrages nach der Einstellung zu einer Obduktion zu fragen.

Eine vergleichbare Regelung findet sich in keinem anderen Landesgesetz. Auch erlaubt § 14 Abs. 2 S. 1 BestattG NRW:

> Wenn ein Elternteil dies wünscht, dann sind auch Tot- und Fehlgeburten sowie die aus einem Schwangerschaftsabbruch stammende Leibesfrucht zu bestatten.

Durchaus realitätsnah weist § 10 Abs. 1 S. 2 BestattG NRW ausdrücklich darauf hin:

> Die Obduktion umfasst auch die Entnahme von Organen und Gewebeteilen sowie deren Aufbewahrung.

Teilweise beschränken die Landesgesetzgeber die Entnahme von Organen und Geweben auf den Zweck der klinischen Sektion (z. B. § 46 Abs. 1 saarländ. BestattG bzw. § 10 Abs. 3 thüring. BestattG, welches ausdrücklich eine Information der Angehörigen über die Möglichkeit der Zurückbehaltung von Organen verlangt). Im brem. „Gesetz über das Leichenwesen" bestimmt § 18 Abs. 4 ausdrücklich, entnommene Leichenteile

> dürfen nicht Gegenstand von Rechtsgeschäften sein, die auf Gewinnerzielung gerichtet sind.

Anders als Niedersachsen verlangt das BestattG Schleswig-Holstein v. 04.02.2005,[29] dass eine Obduktion nur von oder unter der Aufsicht von ärztlichen Personen vorgenommen werden darf, die die Anerkennung zum Führen der Gebietsbezeichnung Pathologie und Rechtsmedizin besitzen (so auch z. B. in Hessen, § 12 Abs. 6 hess. Friedhofs- und Bestattungsgesetz (FBG) oder in Thüringen). Eine anatomische

---

[28] GVBl. S. 381 f.

[29] GVBl. 2005, S. 70 f.

Leichenöffnung darf auch von oder unter der Aufsicht von Hochschullehrerinnen oder Hochschullehrern der Anatomie vorgenommen werden, in diesen Punkt herrscht weitgehende Einigkeit.

Nur im BestattG Schleswig-Holstein findet sich eine Regelung, wonach der Leichenschauarzt „nach Möglichkeit" das gleiche Geschlecht haben soll wie der bzw. die Verstorbene (für Obduzenten wird das nicht verlangt). Im thüring. BestattG steht, dass der nächste Angehörige den zuletzt behandelnden Arzt als Leichenschauarzt ablehnen kann (§ 18 Abs. 1 thüring. BestattG), eine Regelung auf die die meisten Bundesländer verzichtet haben, wohl weil die nächsten Angehörigen als im Regelfall Totensorgeberechtigte ohnehin den Leichenschauarzt auswählen, also einen bestimmten Arzt auch ablehnen können. In der Praxis wird die Leichenschau im Krankenhaus allerdings regelmäßig von einem Arzt des Krankenhauses, nicht selten sogar vom behandelnden Arzt, durchgeführt, ohne dass die Totensorgeberechtigten zur Person des Leichenschauarztes befragt wurden. Dieses Vorgehen kann sich auf die Regelungen stützen, die von den Organisationsverantwortlichen des Krankenhauses auch die Veranlassung der ärztlichen Leichenschau verlangen. Problematisch wird dies in Fällen von „Exitus in tabula" (Tod auf dem OP-Tisch), bei denen der behandelnde bzw. operierende Arzt rechtlich auch der Leichenschauarzt sein kann.[30]

Eher selten kommt es zu Obduktionen nach Vornahme der sog. zweiten Leichenschau bzw. Kremationsleichenschau (die es außer in Bayern in allen Bundesländern gibt). Die Befugnis zur Vornahme der zweiten Leichenschau bzw. Kremationsleichenschau ist etwas unterschiedlich geregelt, in Hessen kann diese Leichenschau erfolgen durch Ärzte des zuständigen Gesundheitsamtes oder durch Ärzte, die an einer Fort- oder Weiterbildung mit Erfolg teilgenommen haben, durch die die für die gerichtliche Leichenschau erforderlichen Kenntnisse vermittelt werden. Fachärzte für Pathologie und Rechtsmedizin bzw. unter deren Aufsicht tätige Ärzte gelten ebenfalls als zur Kremationsleichenschau befugt. Zur Notwendigkeit einer Obduktion nach einer Kremationsleichenschau heißt es etwa:

Bei Zweifeln an der Richtigkeit der Todesbescheinigung anlässlich der 2. Leichenschau ist zu obduzieren, wenn die Zweifel nicht anders ausgeräumt werden können (z. B. § 17 Abs. 2 schlesw.-holst. Gesetz – „aufgrund Anordnung des Kreises oder der kreisfreien Stadt" – § 9 Abs. 2 Nr. 3) – ähnlich z. B. in Hessen, § 12 Abs. 6 hess. FBG. Zwar ist in diesen Fällen zu obduzieren, es gibt jedoch kaum Regelungen, welche Behörde befugt ist, dann eine Obduktion anzuordnen und es fehlen Regelungen, wer die Kosten zu tragen hat (Leichentransport zum Obduktionsort, Kosten der Obduktion, Rücktransport). Verzichten die Angehörigen auf eine Einäscherung des Leichnams und wechseln zur Erdbestattung, dann entfällt das Erfordernis einer Kremationsleichenschau und es kommt auch bei Zweifeln an der Richtigkeit der Todesbescheinigung nicht zu einer Klärung mittels einer Obduktion.

[30] Ausführlich dazu: Dettmeyer/Reber, Exitus in tabula – Anästhesiologische und medizinrechtliche Aspekte. Anaesthesist 52 (2004) 1179–1190.

VIII. Fazit zur inneren Leichenschau (Obduktion)

Einigermaßen einheitlich geregelt ist:

Tot- und Fehlgeburten unter 500 g fallen nicht unter das Obduktionsrecht (kein Leichnam im Sinne des Obduktionsrechts). Allerdings werden nach einigen Landesgesetzen Skelette und Skelettfragmente dem Leichnam gleichgestellt. Nahezu einheitlich gilt mittlerweile die Meldepflicht des Obduzenten bei Anhaltspunkten für einen nicht-natürlichen Tod, was insbesondere die Obduzenten in den Instituten für Pathologie bei klinischen Sektionen betrifft. Aber: nur das thüring. BestattG enthält den ausdrücklichen Hinweis, dass auch der Verdacht auf einen ärztlichen Behandlungsfehler die Angabe „Verdacht auf nichtnatürlichen Tod" rechtfertigt (das sächsische Bestattungsgesetz erwähnt jedoch die letalen Behandlungsfehler).

Uneinheitlich sind die landesrechtlichen Regelungen hinsichtlich der erforderlichen Einwilligung in eine Obduktion:

Einzelne Landesgesetzgeber sehen für die klinische Sektion eine Widerspruchslösung vor mit definierter Widerspruchsfrist (z. B. Berlin, Hamburg, Bremen, Schleswig-Holstein) oder ohne zeitlich vorgegebene Widerspruchsfrist (z. B. Niedersachsen), andere verweisen auf das Transplantationsgesetz (TPG) mit der erweiterten Zustimmungslösung (NRW) oder treffen keine Regelung zur Einwilligung bei Obduktionen (z. B. Hessen). Die Rangfolge der entscheidungsbefugten nächsten Angehörigen ist für die Obduktion in den meisten Landesgesetzen geregelt. Aber: Bei eingetragener Lebenspartnerschaft räumen einzelne Landesgesetze dem Partner das vorrangige Recht auf Zustimmung oder Ablehnung einer Obduktion ein, andere Landesgesetze treffen dazu keine Regelung. Einzelne Landesgesetzgeber verlangen vom Obduzenten die Facharztqualifikation (Pathologie, Rechtsmedizin) – z. B. in Schleswig-Holstein, Hessen, Thüringen – andere Landesgesetzgeber erlauben offenbar jedem Arzt die Vornahme einer Obduktion (z. B. Niedersachsen) bzw. treffen dazu keine Aussage. Einige Landesgesetze regeln die anatomische Sektion, andere nicht. Die Landesgesetze von Bremen und Hamburg kennen eine außergerichtliche Sektion als eine Art Verwaltungssektion, die meisten Landesgesetze haben eine solche Regelung nicht. Obduktionen auf Anordnung (welcher Behörde auch immer) nach der zweiten Leichenschau bzw. Kremationsleichenschau wären als sog. Verwaltungssektion anzusehen, zu solchen Anordnungen kommt es sehr selten, da schon nicht geregelt ist, wer die Kosten zu tragen hat.

IX. Fazit

Kein Landesgesetzgeber ist der Forderung des Deutschen Ärztetages gefolgt und hat einen Indikationenkatalog formuliert – vergleichbar der Regelung in der früheren DDR – bei deren Vorliegen obduziert werden muss oder soll! Das Leichenschau- und Obduktionsrecht ist immer noch nicht vereinheitlicht, zu den verschiedenen Obduktionsarten gibt es eine Reihe von Gerichtsentscheidungen, die teilweise umstritten sind.[31] Einen neutralen Leichenschauarzt gibt es nicht, der behandelnde Arzt kann nach einem tödlichen Behandlungsfehler selbst den Leichenschauschein bzw. die Todesbescheinigung ausfüllen und so eine Klärung mittels Obduktion verhindern. Die Voraussetzungen für eine Obduktion zur Klärung der Todesursache bei medizinisch unklaren natürlichen Todesfällen innerhalb von Kliniken sind uneinheitlich geregelt (teils per Gesetz, teils in Krankenhausaufnahmeverträgen[32]).

Für Obduktionen von außerhalb von Kliniken bzw. Krankenhäusern eines (mutmaßlich) natürlichen Todes Verstorbenen fehlt weiterhin ganz überwiegend – außer z. B. in Bremen und Hamburg – eine gesetzliche Grundlage (sog. Verwaltungssektion). Bei weiterhin niedriger Obduktionsquote bestehen die Nachteile für die Todesursachenstatistik fort. Es gibt kein Defizit an Regelungen im Leichenschau- und Obduktionsrecht in Deutschland, wohl aber defizitäre Regelungen!

[31] Eine Übersicht der wichtigsten Gerichtsentscheidungen im Leichenschau- bzw. Obduktionsrecht findet sich in: Dettmeyer, Medizin & Recht, Springer-Verlag, 2. Aufl. 2006, S. 275.

[32] Zur Zulässigkeit vorformulierter Einwilligungserklärungen für eine innere Leichenschau (Sektionseinwilligung) in Krankenhausaufnahmeverträgen siehe: BGH, Urt. v. 31.05.1990– IX ZR 257/89, JZ 1990, 923; dazu auch: Meister, Zur Zulässigkeit von Obduktions- und Transplantationsklauseln in Allgemeinen Vertragsbedingungen (AVB) für Krankenhäuser, Das Krankenhaus 2000, 302–308.

Rechtsgrundlagen einer klinischen Sektion in den Landesgesetzen und Krankenhausaufnahmeverträgen – Zustimmungslösung vs. Widerspruchslösung

Ingo Schliephorst

I. Definitionen

Ausgangspunkt der Darstellung ist zunächst die Definition wichtiger Begrifflichkeiten. Unter einer Sektion versteht man die innere Leichenschau oder die Leichenöffnung zur Feststellung der Todesursache und/oder zur Rekonstruktion des Sterbevorgangs. Eine Sektion findet somit an einem Leichnam statt. Darunter ist der Körper einer verstorbenen Person zu verstehen, bei dem der körperliche Zusammenhang noch nicht durch Verwesung völlig aufgehoben ist. Als Leichnam kann auch ein Körperteil angesehen werden, ohne den ein Weiterleben nicht mehr möglich ist. Diese Definition ist § 1 Abs. 1 des Gesetzes über das Leichenwesen der Hansestadt Bremen entnommen.

II. Arten der Sektion

In der Praxis sind verschiedene Formen der Sektion denkbar. Zu nennen wäre zunächst die strafprozessuale Sektion (§ 159 i. V. m. § 87 ff. StPO), die insbesondere dann Anwendung findet, wenn es darum geht, Verdachtsmomenten nachzugehen, die für das Vorliegen einer Straftat sprechen. Diese Form der Sektion ist die in der Praxis häufigste Sektion.

Die Seuchensektion (§ 6 Abs. 1 i. V. m. § 26 Abs. 3 InfSG) findet statt, wenn das Vorliegen einer Seuche im Sinne des InfSG vermutet wird. Die sozialversicherungsrechtliche Sektion (§§ 103 ff. SGB VII) dient der Nachprüfung, ob ein Arbeitsunfall zum Tode geführt hat oder nicht. Grundlage für die privatversicherungsrechtliche Sektion ist ein privater Versicherungsvertrag, um abzuklären, ob vereinbarte

I. Schliephorst (✉)
Rechtsabteilung, Deutsche Krankenhausgesellschaft (DKG),
Wegelystraße 3, 10623 Berlin, Deutschland
E-Mail: i.schliephorst@dkgev.de

A. Wienke et al. (Hrsg.), *Rechtsfragen der Obduktion und postmortalen Gewebespende,* MedR Schriftenreihe Medizinrecht, DOI 10.1007/978-3-642-29473-0_3,

Versicherungsleistungen fällig werden oder nicht. Bezüglich der Verwaltungssektion, also einer von einer sonstigen, nicht staatsanwaltschaftlichen Behörde angeordneten Sektion, existieren in den meisten Bundesländern keine gesetzlichen Regelungen, ebenso wenig wie für die Privatsektion, also der von Privatpersonen beantragten Sektion.

Die hier im Fokus stehende klinische Sektion kann sich sehr wohl auf gesetzliche Grundlagen stützen, wenn diese auch teilweise sehr lückenhaft sind und in Deutschland keine einheitliche Regelungsstruktur erkennbar ist.

III. Begriff der klinischen Sektion

Sterbeort einer Person, an deren Leichnam eine klinische Sektion durchgeführt werden soll, ist in der Regel ein Krankenhaus. Der klinischen Sektion können dabei mehrere Aufgaben zukommen: So kann sie der Klärung dienen, an welchem Grundleiden der Verstorbene gelitten und welche konkrete Ursache im Einzelfall zum Todeseintritt geführt hat. Denkbar ist auch, dass sie der Kontrolle dient, inwiefern der Verstorbene auf die angewandte Therapie des behandelnden Arztes bzw. Krankenhauses angesprochen hat. Die klinische Sektion kann somit einen Abgleich zwischen autoptischem und diagnostischem Befund ermöglichen.

Zuständig für die Durchführung der klinischen Sektion sind die Institute für Pathologie an den Krankenhäusern. Der Antrag für deren Durchführung wird in der Regel durch den letztbehandelnden Arzt gestellt.

IV. Rechtlicher Schutz

Die klinische Sektion ist keine Maßnahme, die für sich alleine im Raume steht und grenzenlos durchgeführt werden kann. Wie jede Verhaltensmaßnahme in unserer Gesellschaft unterliegt auch die klinische Sektion gewissen Schranken.

Aus dem Verfassungsrecht kann zwar nicht das Recht auf körperliche Unversehrtheit aus Art. 2 Abs. 2 Satz 1 GG die Durchführung einer klinischen Sektion verhindern, da dieses Recht nicht für einen Leichnam gilt. Eine verfassungsrechtliche Beschränkung kann sich jedoch aus dem Allgemeinen Persönlichkeitsrecht aus Art. 2 Abs. 1 GG i. V. m. Art. 1 Abs. 1 GG ergeben. Dieses Grundrecht umfasst als postmortal fortwirkender Persönlichkeitsschutz auch den Leichnam. Ebenfalls geschützt werden der Respekt vor den Wünschen und religiösen bzw. weltanschaulichen Vorstellungen des Verstorbenen nach seinem Tode sowie des oder der Hinterbliebenen. Dieses Grundrecht steht dem Verstorbenen bzw. dem oder den Hinterbliebenen in Verbindung mit der durch Art. 4 Abs. 1 GG geschützten Glaubens-, Gewissens- und Bekenntnisfreiheit zu.

Letztlich kommt in verfassungsrechtlicher Hinsicht noch die in Art. 2 Abs. 1 GG geschützte Allgemeine Handlungsfreiheit als Schutzgesetz in Betracht. Geschützt wird dadurch das Totensorgerecht des oder der Hinterbliebenen. Das Innehaben des Totensorgerechts führt jedoch nicht dazu, dass der Totensorgeberechtigte Eigentümer des Leichnams wird.

Einfachrechtliche Schutzgesetze, die einer klinischen Sektion entgegenstehen können, wären weder §§ 223 ff. StGB, da ein Leichnam kein lebender Mensch und somit nicht vom objektiven Tatbestand der Körperverletzung erfasst ist, noch § 303 StGB, da ein Leichnam keine Sache im juristischen Sinne und somit nicht taugliches Tatobjekt einer Sachbeschädigung ist.

In Frage kommen kann jedoch eine Strafbarkeit nach § 168 Abs. 1 StGB, Störung der Totenruhe. Schutzgegenstand dieses Paragrafen ist das postmortale Persönlichkeitsrecht des Verstorbenen sowie das Totensorgerecht des oder der Hinterbliebenen.

V. Zulässigkeit einer klinischen Sektion

Der Durchführung einer klinischen Sektion stehen somit rechtliche Schranken entgegen. Diese können jedoch überwunden werden, wenn für die Durchführung der klinischen Sektion eine Anspruchs- bzw. Ermächtigungsgrundlage besteht, die deren Durchführung explizit erlaubt.

Eine solche Ermächtigungsgrundlage ist sowohl auf gesetzlicher wie auch auf vertraglicher Basis denkbar. Gesetzliche Grundlage können dabei nur entsprechende Landesgesetze sein, da der Bund für den Erlass eines diesbezüglichen einheitlichen Bundesgesetzes keine entsprechende Gesetzgebungskompetenz hat. Die Materie des Leichenwesens oder der Sektion taucht nicht im Katalog des Art. 74 GG auf. Daher kommt den Bundesländern die Kompetenz zur Regelung des Sektions-, Leichenschau-, Bestattungs- und Friedhofswesens zu, von der jedoch in den einzelnen Bundesländern sehr unterschiedlich Gebrauch gemacht worden ist. Einfacher zu bestimmen ist die mögliche vertragliche Basis: Hierbei handelt es sich um den vom Patienten bei der Aufnahme in das Krankenhaus abgeschlossenen Krankenhausaufnahmevertrag, der eine Sektionsklausel enthalten kann oder die vom Patienten erklärte Einwilligung in die Durchführung einer klinischen Sektion.

Der Einwilligung des Patienten oder des bzw. der Totensorgeberechtigten kommt zentrale Bedeutung zu. Unterschieden werden kann dabei zwischen der Zustimmungs- und der Widerspruchslösung, beide entweder in enger oder erweiterter Fassung.

Die strikteste Art der Einwilligung ist die enge Zustimmungslösung. Hierbei hat ausschließlich der Verstorbene zu Lebzeiten der Durchführung der klinischen Sektion positiv zuzustimmen. Die erweiterte Zustimmungslösung ist insofern weiter gefasst, als es ausreichend ist, dass der Verstorbene zu Lebzeiten eine klinische Sektion nicht abgelehnt hat und nach dessen Tod eine ausdrückliche Einwilligung des oder der Totensorgeberechtigten in die Durchführung der klinischen Sektion erfolgen muss.

Kennzeichen der Zustimmungslösung ist somit, dass die Durchführung einer klinischen Sektion nur dann zulässig ist, wenn der Verstorbene oder der Totensorgeberechtigte ausdrücklich in deren Durchführung positiv eingewilligt haben.

Die Widerspruchslösung ist grundsätzlich weniger streng ausgelegt. Danach reicht es für die Zulässigkeit der Durchführung einer klinischen Sektion aus, wenn entweder der Verstorbene zu Lebzeiten der Sektion nicht widersprochen hat (hierbei bleibt die Meinung der Totensorgeberechtigten unberücksichtigt) – enge Widerspruchslösung – oder kein Widerspruch des Verstorbenen zu Lebzeiten sowie nach dessen Tod kein Widerspruch des oder der Totensorgeberechtigten in die Durchführung der klinischen Sektion vorliegt (erweiterte Widerspruchslösung).

Eine Variante der erweiterten Widerspruchslösung ist die Informationslösung. Hierbei ist für die Durchführung der klinischen Sektion grundsätzlich die Einwilligung des Verstorbenen zu Lebzeiten erforderlich. Fehlt diese und ist kein entgegenstehender Wille des Verstorbenen bekannt, soll der Totensorgeberechtigte über die geplante klinische Sektion und seine diesbezügliche Widerspruchsmöglichkeit informiert werden. Bleibt ein Widerspruch des Totensorgeberechtigten innerhalb einer bestimmten Frist aus, kann eine klinische Sektion durchgeführt werden.

VI. Bestehende gesetzliche Regelungen

Wie bereits ausgeführt, ist es von Bundesland zu Bundesland unterschiedlich, ob Gesetze zur Regelung der klinischen Sektion bestehen oder nicht. Am weitesten fortgeschritten sind diesbezüglich die Bundesländer Berlin und Hamburg: In beiden gibt es ein Sektionsgesetz. In anderen Bundesländern finden sich Regelungen zur klinischen Sektion entweder überhaupt nicht oder integriert in den landesspezifischen Friedhofs-, Bestattungs- oder Leichengesetzen.

1. Sektionsgesetz Berlin

Das Sektionsgesetz Berlin definiert die klinische Sektion als letzte am – verstorbenen – Patienten durchgeführte ärztliche Handlung zugunsten des Patienten und der Allgemeinheit. Sie beinhaltet die fachgerechte Öffnung einer Leiche, die Entnahme und Untersuchung von Teilen sowie die äußere Wiederherstellung des Leichnams (§ 1 SektG).

Nach § 3 Abs. 1 SektG ist die klinische Sektion zulässig, wenn der Verstorbene oder ein Angehöriger im Behandlungsvertrag mit dem Krankenhaus in die Durchführung einer klinischen Sektion eingewilligt haben (Nr. 1), wenn die klinische Sektion der Klärung der Todesursache oder der Überprüfung der Diagnose- und Therapieverfahren – somit der Qualitätskontrolle – dient (Nr. 2), ein besonderes, dem Fortschritt der Medizin dienendes wissenschaftliches Interesse in Lehre, Forschung und Epidemiologie besteht (Nr. 3) oder aus Gründen der Fürsorge für die Hinterbliebenen erforderlich ist (z. B. aus versicherungsrechtlichen Gründen – Eintritt des Leistungsfalles fraglich – oder zur Klärung, ob Erb- oder Infektionskrankheiten vorliegen).

Es muss jedoch nicht nur einer der Erlaubnistatbestände des § 3 Abs. 1 SektG vorliegen, es darf auch keiner der Ausschlussgründe des § 3 Abs. 2 SektG gegeben sein. So ist eine klinische Sektion auch bei Vorliegen eines Erlaubnistatbestandes des § 3 Abs. 1 SektG nach § 3 Abs. 3 SektG ausgeschlossen, wenn die klinische Sektion erkennbar dem Willen des Verstorbenen widerspricht (Nr. 1), der Verstorbene eine dokumentierte Zustimmung zur klinischen Sektion gegenüber dem behandelnden Arzt zurückgenommen hat (Nr. 2) oder keine Einwilligung des Verstorbenen nach § 3 Abs. 1 SektG vorliegt und die nächsten Angehörigen nach dokumentierter Information über die klinische Sektion deren Durchführung innerhalb von 8 Tagesstunden – diese umfassen die Zeit von 7 bis 22 Uhr – widersprochen haben. Einer klinischen Sektion kann ebenfalls entgegenstehen, dass der Verstorbene auf Grund seines Glaubens oder seiner Weltanschauung die Durchführung einer klinischen Sektion ablehnt und seine Angehörigen dies mitteilen (Nr. 4) oder Meinungsverschiedenheiten über die Durchführung einer klinischen Sektion zwischen widerspruchsberechtigten Angehörigen gleichen Grades bestehen (Nr. 5).

Fasst man diese Regelungen zusammen, stellt man fest, dass sich das SektG Berlin an der erweiterten Widerspruchslösung bzw. an der Informationslösung orientiert, da für die Zulässigkeit der klinischen Sektion eine Einwilligung des Totensorgeberechtigten bei gleichzeitigem Fehlen eines der Durchführung der klinischen Sektion entgegenstehenden Willens des Verstorbenen ausreichend ist.

2. Sektionsgesetz Hamburg

Nach § 4 Abs. 1 SektG Hamburg ist eine klinische Sektion zulässig, wenn der Verstorbene zu Lebzeiten, ein nächster Angehöriger des verstorbenen oder ein vom Verstorbenen Bevollmächtigter schriftlich in die Durchführung der klinischen Sektion eingewilligt haben. Ausreichend ist auch eine telefonische Einwilligung des Angehörigen oder des Bevollmächtigten, wenn der zuständige Arzt dies dokumentiert.

Ohne Vorliegen dieser Voraussetzungen kann eine klinische Sektion nach § 4 Abs. 2 SektG angeordnet werden, wenn folgende Voraussetzungen kumulativ vorliegen: Der Patient konnte krankheitsbedingt eine schriftliche Erklärung zur Durchführung einer klinischen Sektion nicht geben, eine diesbezügliche Einwilligung einer anderen Person liegt nicht vor – insbesondere konnte auch kein Angehöriger oder Bevollmächtigter innerhalb von 24 h nach dem Tod des Patienten erreicht und hinsichtlich der Durchführung einer klinischen Sektion befragt werden – und die klinische Sektion ist zur Fürsorge der Hinterbliebenen oder aus Gründen der Qualitätssicherung so dringend, dass das Interesse an ihrer Durchführung die fehlende Einwilligung überwiegt.

Auf jeden Fall unzulässig ist eine klinische Sektion nach § 4 Abs. 3 SektG, wenn ihre Durchführung erkennbar dem letzten Willen des Verstorbenen widerspricht oder ein nächster Angehöriger oder vom Verstorbenen Bevollmächtigter ihrer Durchführung innerhalb von 8 Tagesstunden (also in der Zeit von 7 bis 22 Uhr) nach dokumentierter Information über das Ableben des Patienten und die beabsichtigte klinische Sektion widersprochen hat.

Auch das SektG Hamburg orientiert sich somit an der erweiterten Widerspruchslösung bzw. an der Informationslösung.

3. Gesetz über das Friedhofs- und Bestattungswesen Nordrhein-Westfalen

Nach § 10 Abs. 1 FBG NW ist eine klinische Sektion dann zulässig, wenn eine schriftliche Einwilligung des Verstorbenen, seines gesetzlichen Vertreters oder eines bevollmächtigten zur Durchführung einer klinischen Sektion vorliegt (Satz 1). Diese Einwilligung kann auch durch eine vorformulierte Erklärung erteilt werden (Satz 3), sie ist also auch im Rahmen eines Krankenhausbehandlungsvertrages möglich. Der Krankenhausträger ist sogar dazu verpflichtet, bei Abschluss eines Aufnahmevertrages nach der Einstellung des Patienten zu einer klinischen Sektion zu fragen.

Für den Fall, dass weder eine schriftliche Einwilligung noch ein schriftlicher Widerspruch des Verstorbenen gegen die Durchführung einer klinischen Sektion vorliegen, finden § 3 Abs. 3 und § 4 des TPG Anwendung, § 10 Abs. 2 FBG NW. Dann ist der nächste Angehörige über die beabsichtigte klinische Sektion zu unterrichten und zu befragen, ob ihm eine entsprechende Erklärung oder Willensäußerung des Verstorbenen bekannt ist. Falls dies nicht der Fall ist, kann der Angehörige der Durchführung einer klinischen Sektion am Leichnam des Verstorbenen zustimmen. Dabei muss der Angehörige jedoch den mutmaßlichen Willen des Verstorbenen berücksichtigen. Die Schriftform ist einzuhalten und es kann eine Widerrufsmöglichkeit innerhalb einer bestimmten Frist vereinbart werden. Außerdem ist zu beachten, dass der Angehörige zu einer solchen Entscheidung nur dann befugt, ist, wenn er in den letzten zwei Jahren vor dem Tode des Verstorbenen mit diesem persönlichen Kontakt hatte. Dies ist vor dem Hintergrund zu sehen, dass nur derjenige eine Entscheidung im Sinne des Verstorbenen bzw. nicht gegen dessen Sinne treffen wird, der sich noch ein relativ aktuelles Bild von den Vorstellungen des Verstorbenen in zeitlicher Nähe zu dessen Tode machen konnte.

Das FBG NW orientiert sich somit grundsätzlich an der erweiterten Widerspruchslösung.

4. Gesetz über das Leichen-, Bestattungs- und Friedhofswesen im Land Brandenburg

Grundsätzliche ist die Durchführung einer klinischen Sektion nach § 10 Abs. 1 LBFG BRB dann zulässig, wenn der Verstorbene oder ein nächster Angehöriger schriftlich in deren Durchführung eingewilligt haben.

Aber auch ohne eine solche Einwilligung kann eine klinische Sektion nach § 10 Abs. 2 LBFG BRB zulässig sein, wenn sie der Qualitätskontrolle dient (§ 10 Abs. 2 Nr. 1 LBFG BRB), ein dem Fortschritt der Medizin dienendes wissenschaftliches Interesse besteht (§ 10 Abs. 2 Nr. 2 LBFG BRB) oder die Fürsorge der Hinterbliebenen eine Sektion erfordert (§ 10 Abs. 2 Nr. 3 LBFG BRB).

Auch dieses Gesetz sieht eine Reihe von Ausschlussgründen gegen eine grundsätzlich zulässige klinische Sektion vor. So ist die klinische Sektion ausgeschlossen, wenn sie erkennbar dem Willen des Verstorbenen widerspricht, § 10 Abs. 3 Nr. 1 LBFG BRB, wenn der Verstorbene eine einmal dokumentierte Zustimmung gegenüber dem behandelnden Arzt zurückgenommen hat, § 10 Abs. 3 Nr. 2 LBFG BRB, oder wenn eine Einwilligung nach § 10 Abs. 1 LBFG BRB zwar nicht vorliegt, ein Angehöriger jedoch nach dokumentierter Information über die geplante Durchführung einer klinischen Sektion innerhalb von 8 Tagesstunden widerspricht.

Das LBFG BRB folgt somit ebenfalls der erweiterten Widerspruchs- bzw. Informationslösung.

5. Gesetz über das Leichen-, Bestattungs- und Friedhofswesen im Land Mecklenburg-Vorpommern

Nach § 5 Abs. 1 Satz 1 LBFG MV ist eine klinische Sektion dann zulässig, wenn der Verstorbene zu Lebzeiten in deren Durchführung eingewilligt hat oder nach § 5 Abs. 1 Satz 2 LBFG MV ohne Einwilligung des Verstorbenen, wenn dieser der Durchführung einer klinischen Sektion nicht widersprochen hat, ein nächster Angehöriger oder Bevollmächtigter über die geplante Durchführung einer klinischen Sektion informiert wurde und dieser nicht innerhalb von 24 h nach der Information der Sektion widersprochen hat.

Auch das LBFG MV folgt somit der Informationslösung.

6. Thüringer Bestattungsgesetz

Nach § 8 Abs. 3 des Thüringer Bestattungsgesetzes ist eine klinische Sektion zulässig, wenn der Verstorbene in deren Durchführung zu Lebzeiten eingewilligt hat oder bei fehlender Einwilligung der nächste Angehörige des Verstorbenen in die klinische Sektion einwilligt.

Hier ist also die ausdrückliche Einwilligung in die Durchführung der Sektion erforderlich, ein Widerspruch allein reicht nicht aus. In Thüringen ist somit die erweiterte Zustimmungslösung realisiert worden.

7. Gesetz über das Friedhofs-, Bestattungs- und Leichenwesen des Saarlandes

Das FBLG Saar entspricht im Wesentlichen den Regelungen des Gesetzes über das Leichen-, Bestattungs- und Friedhofswesen des Landes Brandenburg mit folgenden Abweichungen:

Eine klinische Sektion ohne eine zu seinen Lebzeiten abgegebene Einwilligung des Verstorbenen ist nicht aus Gründen eines dem Fortschritt der Medizin dienenden Interesses zulässig und der Durchführung einer klinischen Sektion kann ein Angehöriger nach erfolgter Information innerhalb von 12 anstatt von 8 Tagesstunden widersprechen.

Aber auch im Saarland gilt grundsätzlich die erweiterte Widerspruchs- bzw. Informationslösung.

8. Gesetz über das Leichenwesen der Hansestadt Bremen

Das BremLeichenG erachtet die Durchführung einer klinischen Sektion dann als zulässig an, wenn der Verstorbene zu Lebzeiten sein Einverständnis dazu erklärt hat, § 11 Abs. 1 Satz 2 BremLeichenG. Bei Todeseintritt im Krankenhaus reicht eine bei Aufnahme in das Krankenhaus abgegebene diesbezügliche Erklärung aus, § 11 Abs. 1 Satz 3 BremLeichenG. Auch ist die Durchführung einer klinischen Sektion dann zulässig, wenn keine Erklärung des Verstorbenen vorliegt und weder dieser noch ein Angehöriger innerhalb von 24 h nach Information über die geplante klinische Sektion der Durchführung einer solchen widersprochen hat, § 11 Abs. 1 Satz 4 BremLeichenG. Fehlen Angehörige, die in die Durchführung einer Sektion einwilligen können, ist eine Sektion nach § 11 Abs. 1 Satz 6 BremLeichenG nur dann zulässig, wenn diese im öffentlichen Interesse dringend geboten ist und der Senator für Gesundheit der klinischen Sektion zustimmt.

Eine absolute Sonderstellung nimmt das BremLeichenG in folgender Hinsicht ein: § 12 Abs. 2 BremLeichenG sieht für Kinder bis zum 6. Lebensjahr verpflichtend die Durchführung einer klinischen Sektion vor, wenn deren Todesursache nicht zweifelsfrei erkennbar oder zweifelsfrei bekannt ist. Die Personensorgeberechtigten können jedoch innerhalb von 24 h nach ihrer diesbezüglichen Information der Durchführung einer klinischen Sektion widersprechen.

Seinem Grundsatz nach folgt also auch das BremLeichenG der erweiterten Widerspruchs- bzw. Informationslösung.

VII. Vertragliche Regelungen

Aus den bestehenden gesetzlichen Regelungen zur klinischen Sektion ergibt sich, dass deren Durchführung auch durch vertragliche Vereinbarungen auf eine rechtssichere Grundlage gestellt werden kann.

Grundform der vertraglichen Regelung ist zweifelsohne die vom Patienten zu Lebzeiten erklärte Einwilligung in die Durchführung einer klinischen Sektion. Liegt eine solche Einwilligung fehlerfrei vor, ist eine klinische Sektion stets zulässig.

Eine solche Einwilligung kann jedoch auch im Rahmen der Aufnahme eines Patienten in ein Krankenhaus zusammen mit dem Krankenhausbehandlungsvertrag abgegeben werden. § 11 Abs. 1 Satz 3 BremLeichenG sieht dies z. B. ausdrücklich so vor, auch das Muster der Allgemeinen Vertragsbedingungen im Krankenhaus sieht in seinem § 12 vor, dass im Rahmen eines Krankenhausbehandlungsvertrages die ausdrückliche Einwilligung des Patienten in die Durchführung einer klinischen Sektion eingeholt werden kann.

Ein diesbezüglicher Streit besteht jedoch hinsichtlich der Frage, ob diese Erklärung auch im Wege einer vorformulierten Vertragsklausel im Krankenhausaufnahmevertrag erfolgen kann oder ob dies eine überraschende und den Patienten benachteiligende Vertragsklausel darstellt. Auslöser dieses Streits ist das Urteil des BGH vom 31.05.1990 (Az.: IX ZR 257/89), das eine Verbandsklage eines Verbraucherschutzvereins gegen eine solche Klausel in einem Krankenhausaufnahmevertrag zum Gegenstand hatte. Die eine Einwilligung in die Durchführung einer klinischen Sektion enthaltende Vertragsbestimmung benachteiligt den Patienten nach Auffassung des BGH nicht. Der BGH hat aber lediglich einen Verstoß gegen die §§ 9–11 AGBG (jetzt: §§ 307–309 BGB) geprüft, nicht jedoch, ob eine solche Klausel auch überraschend im Sinne des § 305c BGB ist. Nach dem BGH ist es somit ausreichend, wenn die Einwilligung in die Durchführung einer klinischen Sektion durch den Patienten zugleich mit dem Abschluss des Krankenhausbehandlungsvertrages durch Einbeziehung in die Allgemeinen Vertragsbedingungen des Krankenhauses abgegeben und dem Patienten sowie den Angehörigen oder Bevollmächtigten ein entsprechendes Widerrufsrecht zugestanden wird.

Offen ist jedoch nach wie vor, ob eine solche Klausel als überraschend i. S. d. § 305c BGB angesehen werden kann mit der Folge, dass sie nicht Vertragsbestandteil wird und eine klinische Sektion auf dieser Grundlage nicht durchgeführt werden kann. Diese Frage wurde jedoch seinerzeit vom BGH nicht geprüft, da diese Frage typisch für eine Klage eines Patienten sei, nicht jedoch für eine Klage von einem Verbraucherschutzverein. Setzt man sich mit dieser Frage inhaltlich auseinander, kommt man zu dem Ergebnis, dass eine Klausel dann als überraschend anzusehen ist, wenn sie nach den Umständen objektiv so ungewöhnlich ist, dass der Kunde subjektiv überrascht ist und mit ihrer Verwendung keinesfalls zu rechnen braucht. Ein durchschnittlicher Patient rechnet in der Regel nicht damit, dass ein Behandlungsvertrag auch eine Regelung zur Einwilligung in eine klinische Sektion beinhaltet, er geht vielmehr von einem Heilungserfolg aus und nicht von einer erheblichen Verschlechterung seines Gesundheitszustandes, die mit seinem Tod verbunden ist. Dies berücksichtigend ist grundsätzlich die Gefahr der Nichteinbeziehung der Regelung in den Behandlungsvertrag wegen eines der Klausel innewohnenden Überraschungseffekts gegeben. Im o. g. BGH-Urteil findet sich jedoch bereits der Hinweis, dass ein eventuell überraschender Charakter einer solchen Klausel durch Hinweise des Verwenders beseitigt werden kann. Dies kann z. B. dadurch erfolgen, dass in den Allgemeinen Vertragsbedingungen ein deutlicher Hinweis auf eine solche Sektionsklausel aufgenommen und der Patient somit deutlich auf die Tragweite seiner Erklärung aufmerksam gemacht wird. Dann kann eine solche Klausel kaum noch als überraschend angesehen werden. Die Zulässigkeit der Verortung einer solchen Klausel in vorformulierten Vertragsbedingungen kann letztlich auch aus der Regelung des § 10 Abs. 1 Satz 3 FBG NW abgeleitet werden, die ausdrücklich vorsieht, dass eine Einwilligung in die Durchführung einer klinischen Sektion auch durch eine vorformulierte Erklärung abgegeben werden kann. Denkbar sind diesbezüglich sowohl die Zustimmungs- als auch die Widerspruchslösung.

VIII. Fazit

Somit ergibt sich als Fazit dieses kurzen Überblicks über die bestehenden gesetzlichen Regelungen, dass die Gesetzeslage zur klinischen Sektion uneinheitlich und lückenhaft ist. Eine diesbezügliche Bundesregelung zur Herstellung einer Rechtseinheit ist wünschenswert, erfordert jedoch zunächst die Einräumung einer entsprechenden Kompetenz für den Bundesgesetzgeber, also eine Verfassungsänderung.

Bestehen gesetzliche Regelungen zur klinischen Sektion, folgen diese in der Regel der erweiterten Widerspruchs- bzw. der Informationslösung.

Die Einwilligung in die Durchführung der klinischen Sektion kann entweder getrennt von einer Krankenhausbehandlung oder auch bei Abschluss eines Krankenhausaufnahmevertrages abgegeben werden. Wird letztere Modalität gewählt, kann dies auch durch die formularmäßige Verwendung vorformulierter Vertragsklauseln in den Allgemeinen Vertragsbedingungen erfolgen. Denkbar ist dann die Zustimmungs- oder auch die Widerspruchslösung.

Die von Amts wegen angeordnete Sektion – Verwaltungssektion als Option für den Gesetzgeber?

Helmut Pollähne

„Bremen plant Obduktionspflicht bei Kindern“ (Ärzte Zeitung vom 01.03.2010) – „Obduktion als Abschreckung“ (taz vom 21.02.2010) – „Kevins Gesetz“ (sueddeutsche.de vom 24.02.2010). Dies sind nur einige der Schlagzeilen, die im Frühjahr 2010 die Vorlage eines Senats-Entwurfs zur Änderung des Bremer Gesetzes „über das Leichenwesen“ (BremGLW) begleiteten. In der Folge gab es heftige Debatten innerhalb des Senats und mit Verbandsvertretern, das Gesetz wurde aber schließlich, wenn auch mit fast einjähriger Verzögerung, am 26.1.2011 ohne wesentliche Änderungen – mit einer Ausnahme, über die noch zu sprechen sein wird (s. u. VI.) – verabschiedet.[1] Seit dem 15.02.2011 gilt gemäß § 12 Abs. 2 Folgendes:

> Bei Kindern, die vor Vollendung des sechsten Lebensjahres gestorben sind, soll eine Obduktion durchgeführt werden, wenn die Todesursache nicht zweifelsfrei erkennbar oder nicht zweifelsfrei bekannt ist. Die Feststellung der Voraussetzungen nach S. 1 trifft der Leichenschauarzt. Er informiert die Eltern oder die sonst Personensorgeberechtigten über die nach S. 1 durchzuführende Obduktion und die Möglichkeit des Widerspruchs hiergegen. Ein Personensorgeberechtigter kann innerhalb von 24 Stunden gegenüber der zuständigen Behörde Widerspruch einlegen. Hilft die Behörde dem Widerspruch nicht ab, entscheidet das Amtsgericht auf Antrag der zuständigen Behörde über die Durchführung der Obduktion. Auf das Verfahren des Amtsgerichts und auf Rechtsmittel finden die Vorschriften der Strafprozessordnung entsprechende Anwendung.

[1] Zweites Gesetz zur Änderung des Gesetzes über das Leichenwesen vom 1.2.2011 (BremGBl. S. 61), in Kraft seit dem 15.2.2011; Gesetz über das Leichenwesen vom 1.3.2011 (Bekanntmachung der Neufassung; BremGBl. S. 87); Entwurf des Bremischen Senats vom 13.4.2010 (LT-Drs 17/1250).

H. Pollähne (✉)
Joester & Partner Strafverteidigerkanzlei,
Willy-Brandt-Platz 3, 28215 Bremen, Deutschland
E-Mail: pollaehne@strafverteidigerkanzlei-bremen.de

A. Wienke et al. (Hrsg.), *Rechtsfragen der Obduktion und postmortalen Gewebespende,*
MedR Schriftenreihe Medizinrecht, DOI 10.1007/978-3-642-29473-0_4,

I. Der „Fall Kevin“ und andere Argumente für die Bremer Obduktionspflicht

Der Beitrag hätte auch den Titel tragen können „‚Lex Kevin‘ – in der Regel Kinderleichenöffnung?“ – oder: „Leichenrechtliche Bestrebungen zur Verbesserung des Kindeswohls“. Anlass war ausweislich der Begründung der Senatorischen Gesundheitsbehörde[2] zumindest auch der „Fall Kevin“ aus dem Jahr 2006, der seitdem mehrfach Schlagzeilen gemacht hat.[3] Zur Erinnerung: Bei der Besichtigung der Wohnung eines langjährig Drogenabhängigen aus dem Methadonprogramm entdeckten Bremer Polizisten am 10.10.2006 im Kühlschrank die Leiche des zweijährigen Sohnes „Kevin“. Dass diese Kinderleiche gemäß § 87 Abs. 2 StPO „geöffnet“ wurde, wie das im Gesetz heißt, also eine innere Leichenschau (oder auch: Obduktion, Sektion, Autopsie …)[4] stattfand, die gemäß §§ 159, 160, 163, 87 Abs. 4 StPO staatsanwaltschaftlich beantragt und gerichtlich angeordnet worden war, versteht sich von selbst (der Obduktionsbericht soll mehrere hundert Seiten umfasst haben, und fast ebenso viele Knochenbrüche sollen bei „Kevin“ festgestellt worden sein)[5] – wieso der Fall Anlass sein sollte, das Bremische „Gesetz über das Leichenwesen“ in dem o. g. Sinne zu ändern, versteht sich hingegen überhaupt nicht von selbst. Eher entsteht der Eindruck, hier sollte etwas Anderes auf das „Kevin-Ticket“ verbucht werden, so wie der Fall – der zweifellos in mancherlei Hinsicht „krass“ ist, um hier keine Missverständnisse aufkommen zu lassen – auch für weitere Maßnahmen und Debatten Auslöser bzw. Katalysator war: z. B. für die Reihenuntersuchung der Haare von Kindern bei Eltern aus dem Methadonprogramm, die erst im Sommer 2011 wieder für Schlagzeilen sorgte[6]; oder für die Einführung von Fallzahlen im SGB VIII[7]; oder für die Diskussionen über Anzeigepflichten und Offenbarungsbefugnisse im Kinderschutzrecht, um nur die wichtigsten Punkte zu nennen.[8]

Zurück zum Bremer Leichenwesen: Welche Gründe gab es sonst für die Ausweitung der sog. „Verwaltungssektion“ (zu dieser Kategorie s. u. IV.), oder besser gesagt:

---

[2] Vgl. auch radiobremen.de vom 26.1.2011 sowie sueddeutsche.de vom 24.2.2010 und taz vom 21.2.2010.

[3] Vgl. nur Emig 2007 m.w.N.

[4] Die begriffliche Vielfalt ist aus juristischer Perspektive bemerkenswert, sollen doch alle diese Begriffe (Leichenöffnung, innere Leichenschau, Obduktion, Autopsie und Nekropsie) dasselbe bedeuten, nämlich „Sektion“ (so auch der Zentralbegriff im Pschyrembel, 261. Aufl. 2007, 1756); vgl. dazu Hirsch/Schmidt-Didczuhn1992, 24; Penning 2006, 44; Leitner 2009, 49.

[5] Vgl. auch sueddeutsche.de vom 24.2.2010 und Emig 2007.

[6] www.taz.de vom 3.5.2011, vgl. auch Weser-Kurier vom 5.11.2011.

[7] Dazu RegE für ein „Gesetz zur Änderung der Vormundschafts- und Betreuungsrechts“ (BT-Drs 17/3617 vom 4.11.2010): die vorgeschlagene Änderung des § 55 Abs. 2 SGB VIII trat allerdings erst am 5.7.2012 in Kraft (BGBI. I, 1306).

[8] Vgl. zu Letzterem insb. das „Gesetz zur Stärkung eines aktiven Schutzes von Kindern und Jugendlichen (Bundeskinderschutzgesetz – BKiSchG)“ vom 22.12.2011 (BGBl. I, 2975), in Kraft seit dem 1.1.2012; ausf. zur Kinderschutzdebatte Fegert/Ziegenhain/Fangerau 2010.

welche Gründe wurden sonst genannt? Es sei auch eine „Maßnahme zur Sicherung des Kindeswohls", so die Behörde (was im Kontext Kinderleichenöffnung etwas makaber anmutet); man verspreche sich davon „vor allem eine abschreckende Wirkung".[9] Angeblich sollen „Kriminologen" dazu befragt worden sein – welche Kriminologen allerdings guten Gewissens behaupten würden, eine Obduktionspflicht hielte auch nur einen Täter oder eine Täterin davon ab, ein Kind (zumeist das eigene) umzubringen oder so zu verletzten, dass es an den Folgen verstirbt, ist schleierhaft. So „ticken" solche Täterinnen und Täter nicht. Wer – um ein ganz reelles Beispiel zu wählen, das die Strafjustiz in den letzten Jahren mehrfach beschäftigt hat[10] – sein Baby so schüttelt, dass es an den Folgen stirbt, bedenkt nicht, ob dies nachweisbar ist. Solch kriminelle Rationalität ist gerade im Zusammenhang mit schweren Verletzungen oder sogar Tötungshandlungen, noch dazu bei Kindern, gar bei den eigenen, eine Fiktion.

Weiteres Argument: Den Ärzten wäre die Bürde genommen, die Eltern in unklaren Fällen zur Einwilligung in die Obduktion überreden oder Anzeige erstatten zu müssen, um die Staatsanwaltschaft auf den Plan zu rufen; sie könnten nunmehr – quasi „achselzuckend" – auf die gesetzliche Pflicht verweisen.[11] Was für eine seltsame Vorstellung vom Verhältnis der Kinderärzte zu den Eltern ihrer (ehemaligen) Patienten. Selbstverständlich verdient die Verweigerung der Einwilligung in die Obduktion keinen rechtlichen Schutz, wenn die Eltern (oder zumindest ein Elternteil) selbst in Verdacht geraten, für den Tod des eigenen Kindes mitverantwortlich zu sein – dann aber greift ebenso selbstverständlich das Strafprozessrecht.[12] Bekanntlich reicht dafür der sog. einfache Anfangsverdacht; was in einem Rechtsstaat aber ebenso selbstverständlich nicht angeht, wäre, einen solchen Anfangsverdacht aus der Verweigerung der Einwilligung abzuleiten.

---

[9] So der Rechtsreferent im Bremer Gesundheitsressort, zit. nach taz vom 21.2.2010, vgl. auch Ärzte Zeitung vom 1.3.2010.

[10] Vgl. nur BGH NStZ-RR 2007, 267 und StV 2009, 511 m. Anm. Kudlich sowie Maxeiner 2008, Perdekamp/Bohnert/Ropohl 2000 und Lockemann/Püschel 1995.

[11] So der Sprecher des Bremer Landesverbands der Kinder- und Jugendärzte, zit. nach Ärzte Zeitung vom 1.3.2010 und taz vom 21.2.2010; in einem amtlichen Standardschreiben an betroffene Eltern (vom 21.10.2011) heißt es u.a.: „Ihr Kind ist plötzlich und unerwartet verstorben. Dies ist für Sie und Ihre Familie sowie für Freunde und Bekannte unfassbar. Sie sind bestürzt und entsetzt. Wir möchten hierzu unser Beileid aussprechen! Leider weiß derzeit niemand, woran Ihr Kind genau verstorben ist. Dazu ist eine abschließende Untersuchung notwendig. Zur Klärung der Todesursache und auch für Ihre Trauerarbeit ist diese Untersuchung sehr wichtig. Im Land Bremen ist es aber auch gesetzlich vorgeschrieben, dass eine Obduktion (Untersuchung durch Leichenöffnung) durchgeführt wird. … Danach und rechtzeitig vor der Bestattung können Sie Ihr Kind sehen, anfassen und ankleiden und sich in Ruhe von ihm verabschieden – wann immer Sie es wünschen. Auch wenn diese Untersuchung generell vorgeschrieben ist, haben Sie 24 Stunden Zeit, unter der folgenden Telefonnummer Widerspruch einzulegen: …".

[12] Dass in solchen Fällen die Obduktionspflicht auch zur Wahrung der Würde des verstorbenen (weil ggf. getöteten) Menschen dient, betonen insb. Rückert 2000 und Helbing 2004, vgl. auch Czerner 2010 und (ähnlich, auf eine Jugendhilfepflicht verweisend) Siegfried 2010, 657.

Weiteres Argument: Der Schutz noch lebender und/oder zukünftiger Geschwister, ausweislich des Gesetzentwurfs „vorrangiges Ziel“ der Neuregelung.[13] „Vielleicht gibt es in der Familie weitere Kinder, die gefährdet sind“.[14] Ja vielleicht – soll also immer obduziert werden, wenn es Geschwister gibt oder noch geben könnte? „Diese Kinder wären, wenn eine Gewalteinwirkung bei dem verstorbenen Kind festgestellt wird, ebenfalls hochgradig gefährdet.“[15] Erneut ist „hochgradig“ fraglich, auf welcher kriminologischen Erkenntnis dies beruht. „Gerade wenn weitere Kinder im Haushalt leben, müssen wir die Schuld der Eltern ausschließen.“[16] Ein bemerkenswertes Verständnis der Unschuldsvermutung. Und was für eine makabre pädagogische Vorstellung schließlich auch, so ein anderes Argument in diesem Zusammenhang, die Eltern könnten die Erkenntnisse aus der Obduktion gut gebrauchen, um daraus für die Erziehung der noch lebenden und/oder noch zu gebärenden Geschwister zu lernen.[17]

Weiteres Argument: Wenn die Obduktion zur Regel, zum „Standard“ werde, würden damit die Eltern im Einzelfall nicht stigmatisiert.[18] Ach, nein? Am Ende könne es für die Eltern sogar eine große Erleichterung sein, so hieß es dort weiter, wenn Sie erfahren, dass sie nichts falsch gemacht haben.[19] Sollten die Eltern diese Erleichterung brauchen, würden sie wohl in die Obduktion einwilligen – im Übrigen wäre es aber wohl eher die Erleichterung derer, die vorher zu Unrecht in einen Generalverdacht geraten sind; genauer: vom Gesetzgeber unter einen Generalverdacht gestellt wurden.[20]

Weiteres Argument: „Rechtsmediziner sind schlichtweg besser qualifiziert, die Todesursachen bei Kindern exakt festzustellen.“[21] Das dürfte wohl richtig sein, aber was folgt daraus? Es darf unterstellt werden, dass Rechtsmediziner auch „schlichtweg besser qualifiziert“ sind, die Todesursache bei Erwachsenen exakt festzustellen.[22] Aber erneut: was folgt daraus? Es gibt keine belastbaren Belege dafür, unnatürliche Tode würden bei Babys und Kleinkindern signifikant häufiger übersehen

---

[13] LT-Drs. 17/1250 S. 3.

[14] So der Sprecher des Bremer Landesverbands der Kinder- und Jugendärzte, zit. nach taz vom 21.2.1010; kurios auch Siegfried 2010, 657, der von einer „Obduktion im Sinne einer nachsorgenden Jugendhilfe“ spricht.

[15] LT-Drs. aaO S. 3.

[16] Petra Kodré, Sprecherin im Bremer Sozial- und Jugendamt, zit. nach sueddeutsche.de vom 24.2.2010

[17] So der Chefarzt einer Bremer Kinderklinik laut radiobremen.de vom 26.1.2011.

[18] So ein Vertreter der Deutschen Kinderhilfe, zit. nach Ärzte Zeitung vom 1.3.2010, vgl. auch radiobremen.de vom 26.1.2011; ähnlich der Sprecher des Bremer Landesverbands der Kinder- und Jugendärzte, zit. nach Ärzte Zeitung aaO.

[19] Ähnlich BÄK 2005, 8, vgl. auch Czerner 2010, 13.

[20] Diese Kritik wurde insb. geäußert vom Bremer Landesverband des Kinderschutzbundes, zit. nach sueddeutsche.de vom 24.2.2010 und Ärzte Zeitung vom 1.3.2010, vgl. auch die Stellungnahme der lokalen FDP, zit. nach radiobremen.de vom 14.9.2011.

[21] So die Deutsche Kinderhilfe, zit. nach Ärzte Zeitung vom 1.3.2010; vgl. Siegfried 2010, 655 mwN.

[22] Penning 2006, 39, Mai 1982; vgl. auch Czerner 2010, 10 ff. zur Geeignetheit und Erforderlichkeit.

als bei älteren Kindern, Jugendlichen, Erwachsenen oder alten Menschen, bzw. seien per se in der äußeren Leichenschau signifikant schwerer zu erkennen. Soweit eine (im Gesetzentwurf zitierte) Untersuchung angeblich davon ausging, im Bereich tödlich verlaufener Kindesmisshandlungen kämen „auf ein entdecktes Delikt zwei unentdeckte“,[23] so beruhte auch diese Aussage letztlich nicht auf einer „Untersuchung“, sondern auf einer Schätzung (dies zudem auf der Grundlage eines methodisch sehr problematischen Vergleichs von Obduktionsbefunden aus der BRD mit solchen aus der DDR der Jahre 1985–1990),[24] die im Übrigen nicht weit entfernt liegt von den Schätzungen zur Dunkelziffer im Bereich „tödlich verlaufener Misshandlungen“ in anderen Altersstufen (s. u.).[25] Bezogen auf Neonatizid-Fälle (Tötung von Neugeborenen) wird in Deutschland von etwa 17–32 Fällen pro Jahr ausgegangen, bei abnehmender Tendenz, allerdings auch mit vermuteter nicht unerheblicher Dunkelziffer.[26]

Einen Sonderfall mag hier der sog. „plötzliche Kindstod“ darstellen, auf den deshalb gesondert einzugehen ist[27]: Der Gesetzentwurf verweist auf „Schätzungen aus Großbritannien“, denenzufolge der Anteil fälschlich als plötzlicher Kindstod eingestufter Tötungsdelikte bei fast 15 % liege; zwei deutsche Forschungen zum plötzlichen Kindstod hätten 3 % bzw. 3,5 % nachweisbarer Tötungen unter den Fällen gefunden, „bei denen zunächst keinerlei Verdacht auf ein nicht natürliches Geschehen bestand“; und eine Studie aus Österreich habe ergeben, dass „5 bis 10 % aller plötzlichen Kindstode in Wirklichkeit Kindstötungen“ waren.[28] Ohne hier Ausführungen zur obduktionsrechtlichen Lage in Großbritannien oder Österreich

[23] LT-Drs aaO unter Verweis auf Vock & Trauth 1999a, vgl. dazu auch Schäfer/Erkrath/Riße 1992, 146 mwN, Herrmann et al. 2008 und Wegener in Häßler/Schepker/Schläfke 2008, 143 ff.; im 17-Jahres-Zeitrum 1973-1989 fanden sich in den Fallakten der Essener Pathologie 24 Fälle von Kindesmisshandlung mit Todesfolge: Schäfer/Erkrath/Riße 1992; zum Problem „spurenarmer Tötungsdelikte an Kindern“ auch Du Chesne/Bajanowski/Brinkmann 1997 und Große Perdekamp/Bohnert/Ropohl 2000.

[24] Vock & Trauth et al. 1999a, 80 und Vock et al. 1999, 81 f.; auch die Annahme von Siegfried 2010, 655 beruht insoweit auf Schätzungen in der Sekundärliteratur.

[25] Ausf. zu Suiziden von Kindern Bode-Jänisch et al. 2011 mwN und zum SBS (sog. Schütteltrauma) Maxeiner 2008 mwN sowie Lockemann/Püschel 1995; zur tödlichen Kindesvernachlässigung Vock & Trauth et al. 1999b.

[26] Im Elfjahreszeitraum 1998-2008 wurden in Hamburg 13 Verdachtsfälle registriert: Krohn et al. 2011 mwN, vgl. Parzeller et al. 2010; zu den Todesursachen beim Neonatizid auch Bozankaya 2010, 100 ff., die zudem darauf hinweist, dass in immerhin 8 der 29 von ihr untersuchten Fälle auch nach der Leichenöffnung kein zweifelsfreier Befund vorlag (vgl. auch Geerds 1997, 83 ff. zu Fehlerquellen); ausf. zur Entstehung der kriminalrechtlichen Verdachtslage bei Baby- und Kleinkindtötungen: Görndt 2010 anhand der Analyse von 76 Fällen aus dem Hamburger Sektionsgut der Jahre 1988 – 2002, die ebenfalls darauf hinweist, dass auch Obduktionen die Todesursache in diesen Fällen nicht immer sicher klären.

[27] Ausf. Bajanowski/Kleemann 2002 (auch zur diagnostischen Abgrenzung), vgl. auch Riße 2002, Lockemann/Püschel 1995 und div. Beiträge in Häßler/Schepker/Schläfke 2008; allg. zum „plötzlichen Tod“ Penning 2006, 45 ff.

[28] LT-Drs aaO S. 3, ohne jedoch eine der Studien namentlich zu erwähnen – unverständlich, warum nicht auf Zahlen aus dem Bremer Mortalitätsindex (www.bips.bremen.de) Bezug genommen wird; ausf. zu den Phänomenen Kindstod und Kindstötung: Häßler/Schepker/Schläfke 2008.

machen zu können: Nach deutschem Leichenrecht, zumal nach Bremischem, läge es sehr nahe, die Todesursachendiagnose „plötzlicher Kindstod“ nach der äußeren Leichenschau als Fall mit „ungeklärter Todesursache“ zum Gegenstand einer weitergehenden inneren Leichenschau zu machen.[29]

Die Konsequenz aus den dem Gesetzentwurf zugrunde gelegten empirischen Annahmen müsste eigentlich sein, alle (!) Todesfälle gerichtsmedizinisch untersuchen zu lassen, und zwar regelmäßig im Wege der inneren Leichenschau – was aber von niemandem ernsthaft gefordert wird, soweit ersichtlich.[30] Das leitet über zum nächsten Argument: Es gebe eine hohe Dunkelziffer, also unerkannte nichtnatürliche Todesfälle. So wird auf Forschungen verwiesen, denen zufolge mindestens die Hälfte aller Todesbescheinigungen falsch seien,[31] wobei allerdings oft übersehen wird, dass gerichtsmedizinisch festgestellte (bzw. potenziell feststellbare) Fehler bei der Todesursachenbestimmung nicht gleichbedeutend sind mit der Verkennung nichtnatürlicher Todesfälle (oder gar Tötungsfälle).[32] Diese Forschungen sind bekannt, man kann die Erkenntnis – jenseits der Abweichungen in den Prozentangaben – wohl für gesichert halten.[33] Vergleichbare Untersuchungen zur spezifischen Dunkelziffer beim Kindstod liegen aber nicht vor, jedenfalls ist nicht belegt, dass sie bei Babys und Kleinkindern signifikant höher – genauer gesagt: noch höher – liegen soll.[34]

---

[29] Albani 1991: „absolute Obduktionsindikation“, vgl. auch Lockemann/Püschel 1995; in der Untersuchung von Schäfer/Erkrath/Riße (1992, 142) bezogen sich nahezu 60% aller Kindesobduktionen auf SIDS-Fälle; vgl. auch Leitner 2009, 56/57, die für diese Fälle eine Obduktionsquote von nahezu 80% feststellte, und Riße 2002; krit. zur Praxis allerdings Dettmeyer/Madea 2004, 355 ff., vgl. auch Siegfried 2010, 656 mwN.

[30] Zum Ganzen BÄK 2005; zu Forderungen nach Ausweitung der sog. „Verwaltungssektion“ vgl. nur Wirth/Strauch 1992 und Dettmeyer/Madea 2004; eine Obduktion aller (!) Kinderleichen forderten immerhin Lockmann/Püschel 1992 (im Zusammenhang mit Unsicherheiten bei der Todesursachenbestimmung nach Strangulation im Kindesalter).

[31] LT-Drs aaO S. 3.

[32] Falsche Diagnose heißt nicht zwangsläufig „nichtnatürlicher Tod“ (BÄK 2005, 11 ff.); vgl. hierzu auch die sog. „Görlitzer Studie“ (mit 98% Obduktionsquote), die keine signifikanten Unterschiede im Vergleich zur amtlichen Todesursachenstatistik im Bereich „Verletzungen/Vergiftungen“ erbrachte (Modelmog/Goertchen 1992, Kinder waren allerdings nicht gesondert erfasst); auch bei vergleichsweise hoher Obduktionsrate (Österreich 2007: knapp 20%, mit sinkender Tendenz) ist der Anteil der „Verletzungen/Vergiftungen“ niedrig (nicht natürliche Todesursachen: 5,6% aller Sterbefälle in 2007) und im Übrigen rückläufig (Leitner 2009); vgl. auch die Kasuistik bei Dettmeyer/Madea 2004, 356 f.

[33] Überblick bei Scheib 2002 (sowie zu „Verschleierungshandlungen“ aaO S. 192 ff.), vgl. auch Penning 2006, 39 sowie Rückert 2000 und Helbing 2004.

[34] Scheib 2002, 200 nimmt (allerdings auf der Grundlage der Obduktion von Kinderleichen, bei denen zunächst kein Verdacht auf ein Tötungsdelikt bestand) eine Dunkelziffer von 3% an, vgl. auch Siegfried 2010, 656 mwN; ausf. zu den Problemen der Rechtsprechung, solche Vorgänge strafrechtlich revisionssicher zu händeln, Parzeller et al. 2010 (auf der Grundlage einer Analyse der BGH-Rechtsprechung aus den Jahren 2008 und 2009 mit zahlreichen Beispielen), auch mit OECD-Zahlen zum altersspezifischen Risiko tödlicher Misshandlungen (aaO S. 176 mwN).

II. Evaluation der leichenrechtlichen Verbesserung des Kinderschutzes?

Jenseits all dieser Argumente „pro Obduktionspflicht bei Kindern", die durch die Presse geisterten, gab es auch offizielle Argumente im amtlichen Gesetzentwurf, die den genannten allerdings weit gehend entsprachen.[35] Bemerkenswert ist in diesem Zusammenhang, dass der Hauptzweck der Neuregelung selbst zum Gesetzesinhalt wurde; das Ganze soll erprobt und evaluiert werden – dazu heißt es in § 23a jenes Landesgesetzes wörtlich:

> Vor dem 31. Dezember 2013 soll durch eine Evaluation festgestellt werden, ob die in § 12 Abs. 2 enthaltene Regelung zu einer Verbesserung der Feststellung der Todesursache bei Kindern bis zur Vollendung des sechsten Lebensjahres und zu einer Verbesserung des Schutzes von Kindern bis zum vollendeten sechsten Lebensjahr geführt hat.

Auf die Evaluation mag man gespannt sein, wie das methodisch sauber funktionieren soll, ist allerdings ein Rätsel – aber immerhin ist hier der mit der Neuregelung verbundene Hauptzweck selbst Gesetz geworden, was eher selten ist (im Zuge um sich greifender Normgeltungsbefristungen, legislativer Verfallsdaten und meist nur bedingt verbindlicher Evaluationsobligationen aber um sich greift). Dass die Erhöhung der Obduktionsquote zu einer Verbesserung „der Feststellung der Todesursache" führen wird, dürfte richtig sein und bedürfte wahrscheinlich keiner Evaluation – außer vielleicht um zu dokumentieren, wie viele unnatürliche Todesfälle zusätzlich aufgedeckt wurden: die Vergleichbarkeit der Untersuchungsgruppen vor und nach Einführung der Obduktionspflicht dürfte allerdings methodisch kaum zu gewährleisten sein, zumal in Anbetracht der geringen Bremer Fallzahlen.[36] Wie eine solche Evaluation allerdings belegen soll, dass die Obduktionspflicht zu einer Verbesserung „des Schutzes von Kindern" geführt hat, ist völlig schleierhaft.[37]

Dass diese Evaluation überhaupt stattfindet, erscheint ohnehin fraglich: Nach Auskunft der zuständigen Staatsanwaltschaft gab es bis Ende 2011 (also innerhalb von rund zehn Monaten nach Inkrafttreten) keinen einzigen Fall, in dem die Neuregelung Anwendung fand – und im Übrigen gilt dort die Einschätzung, es sei auch aus der Vergangenheit kein Fall bekannt, in dem es nur deshalb nicht zu einer Sektion gekommen sei, weil es jene Obduktionspflicht noch nicht gegeben habe. Ungeachtet dessen hieß es in dem Gesetzentwurf aber u. a. ausdrücklich: „In Bremen gibt es für das Nichterkennen eines nicht natürlichen Geschehens im Zusammenhang mit dem Tod eines kleinen Kindes ein aktuelles Beispiel. Bei einem Ende September 2009 geborenen und Anfang November 2009 verstorbenen Säugling bestand laut Todesbescheinigung durch die behandelnde Kinderärztin Verdacht auf plötzlichen Kindstod. Bei einer Obduktion stellte sich eine Schädelfraktur heraus."[38] Nicht mitgeteilt

---

[35] LT-Drs 17/1250, dazu auch Siegfried 2010, 655 ff.

[36] So waren im Jahre 2008 insgesamt 37 Kinder unter sechs Jahren gestorben, darunter nur viermal mit unbekannter Todesursache, vgl. radiobremen.de vom 26.1.2011 und Siegfried 2010, 657.

[37] Ausf. Analyse problematischer Kinderschutzverläufe bei Fegert/Ziegenhain/Fangerau 2010.

[38] LT-Drs 17/1250, 4.

wird allerdings, wie es zur Obduktion gekommen war: Die Nachfrage bei der Bremer Staatsanwaltschaft ergab, dass gerade der geäußerte „Verdacht auf plötzlichen Kindstod“ zur Einschaltung von Polizei und Staatsanwaltschaft und schließlich zur Anordnung der Obduktion führte. Von einem Versagen des Leichenrechts kann da wohl keine Rede sein – das Ermittlungsverfahren konnte übrigens auch nach den Ergebnissen der Autopsie keine Erkenntnisse für ein Fremdverschulden erbringen, es wurde gemäß § 170 Abs. 2 StPO eingestellt, aber das nur am Rande.[39]

III. Systematik der Neuregelungen

Mit der Neuregelung wurde in die Systematik des Bremer Leichenrechts (und nur darauf bezieht sich der vorliegende Beitrag, denn ein Vergleich mit den Regelungen aus den übrigen 15 Bundesländern hätte den Rahmen gesprengt)[40] eine neue Todesart eingeführt und zugleich die Systematik der Leichenschau erweitert, ebenso wie die des allgemeinen Sektionsrechts[41] – zunächst zu den Todesarten, so wie sie in der Todesbescheinigung[42] einzutragen sind (vgl. § 9 Abs. 2 S. 1 Nr. 6)[43]:

---

[39] In einem ganz ähnlich gelagerten Fall aus dem Jahre 2010, an dem der Verf. anwaltlich beteiligt war, lief es ebenso: Die Eltern riefen, nachdem sie nach eigenen Angaben ihr 11 Monate altes Kind tot im Bett gefunden hatten, über den Notruf den Notarzt, der wiederum – nach Feststellung der Todesstarre – die Polizei verständigte; in der vorl. Todesbescheinigung wurde die Frage „Gibt es Anhaltspunkte für ein nichtnatürliches Geschehen im Zusammenhang mit dem Todeseintritt?“ mit „ja“ beantwortet, im vertraulichen Teil wurde die Frage „welche“ (betr. Anhaltspunkte) mit der Angabe „junges Alter“ versehen, unter „unmittelbare Todesursache“ wurde eingetragen „v.A. SIDS“; im Todesursachenermittlungsbericht der Polizei hieß es: „Ein Fremdverschulden kann ausgeschlossen werden, aber es besteht Verdacht des plötzlichen Kindstods. Somit wird aus kriminalpolizeilicher Sicht eine Obduktion als erforderlich erachtet“; der zust. Staatsanwalt beantragte „gem. §§ 87 Abs. 2, 89 StPO die Öffnung der Leiche“, was sodann antragsgemäß richterlich angeordnet wurde; die Obduktion erbrachte als Todesursache einen Schädelbruch infolge einer „flächigen, stumpfen Gewalteinwirkung“, wobei es sich „um eine Art Einklemmung“ gehandelt haben könne; ein Tatverdacht ließ sich nicht begründen, das Verfahren wurde gem. § 170 Abs. 2 StPO eingestellt.

[40] Vgl. dazu u.a. Dettmeyer/Madea 2004; eine systematische Darstellung des Leichen-, Sektions- und Bestattungsrechts des Bundes und der Länder fehlt (zur Lage nach der ‚Wende‘ vgl. Hirsch/Schmidt-Didczuhn 1992); die Komplexität und Divergenz gerade des Landesrechts wurde immer wieder bemängelt, vgl. nur BÄK 2005, 9, 23 und aaO S. 22: „derzeit ein karges Bild fragmentarischer Regelungen“.

[41] Dazu u.a. Penning 2006, 37 ff. sowie ausf. historisch und rechtsvergleichend Grolik 1995, vgl. auch Brugger/Kühn 1979 und div. Beiträge in Tag/Groß 2010.

[42] Am Rande des sog. „Frühchen-Skandals“ im Bremer Klinikum (vgl. nur www.spiegel.de vom 10. und 30.11.2011) wurde bekannt, dass die offiziellen Formulare für die Todesbescheinigungen (dazu Dettmeyer/Madea 2004, 354 ff.) noch auf alter Rechtslage beruhten; inzwischen existieren neue Formulare, die unter „Todesart“ die Frage formulieren „Gibt es Anhaltspunkte für ein nichtnatürliches Geschehen im Zusammenhang mit dem Todeseintritt?“ und nun folgende Antwortmöglichkeiten bieten: „nein“ – „ja“ – „Todesart ungeklärt“ – „Tod im Zusammenhang mit einer Operation, Impfung etc.“ – „Fötaltod in med. Einrichtung“ – „§ 12 Abs. 2 BremGLW“.

[43] Paragrafenangaben beziehen sich durchweg – sofern nicht anders angegeben – auf das Bremer „Gesetz über das Leichenwesen“ (BremGLW) vom 27.10.1992 (GBl. S. 627) in der Fassung

1. ist ein **„nichtnatürlicher Tod"** einzutragen, wenn sich Anhaltspunkte dafür ergeben, dass der Tod „durch Selbsttötung, durch Unglücksfall oder durch äußere Einwirkung, bei der ein Verhalten eines oder einer Dritten eine Ursache gesetzt haben könnte", eingetreten ist (so die Legaldefinition in § 8 Abs. 1 S. 1),
2. ist ein **„unaufgeklärter Tod"** einzutragen, wenn sich im Rahmen der Leichenschau zwar keine Anhaltspunkte für einen nichtnatürlichen Tod finden, die Gesamtumstände aber Zweifel an einem natürlichen Tod nahelegen (so die Legaldefinition in § 8 Abs. 2 S. 1),[44]
3. ist ein **„natürlicher Tod"** schließlich immer (nur) dann einzutragen, wenn weder ein nichtnatürlicher noch ein unaufgeklärter Tod vorliegt (das folgt im Umkehrschluss aus § 9 Abs. 2 S. 1 Nr. 6 i. V. m. § 8 Abs. 1 und 2).[45]

Soweit die bisherige Systematik der Todesarten,[46] der nun eine weitere hinzugefügt wurde, denn

4. gibt es jetzt den **nicht zweifelsfrei natürlichen Baby- oder Kleinkindertod** (vor Vollendung des sechsten Lebensjahres), wenn es sich dabei also weder um einen nichtnatürlichen noch um einen unaufgeklärten Tod handelt, der natürliche Tod (bzw. dessen Ursache) aber auch nicht zweifelsfrei feststeht bzw. feststellbar ist. Letztlich handelt es sich dabei also um die **gesetzliche Fiktion eines unaufgeklärten Todes**: Obwohl sich keine Anhaltspunkte für einen nichtnatürlichen Tod finden lassen und obwohl die Gesamtumstände auch keinen Zweifel an einem natürlichen Baby- bzw. Kleinkindertod nahelegen, ist gleichwohl von einem unaufgeklärten Tod auszugehen, weil der Gesetzgeber selbst die Zweifel nahegelegt hat, solange eine natürliche Todesursache nicht zweifelsfrei erkennbar oder bekannt ist – es handelt sich gewissermaßen um eine leichenrechtliche Beweislastumkehr.[47] Dabei wurde allerdings übersehen, dass dies bereits geltendem und (sicher nicht nur in Bremen) praktiziertem Strafprozessrecht entspricht (dazu VI.).

---

der Bekanntmachung vom 1.3.2011 (GBl. S. 87), in Kraft seit dem 1.1.1993, außer Kraft zum 31.12.2013 (vgl. § 25); zum Begriff der „Leiche" gem. § 1 BremGLW vgl. auch Dettmeyer/Madea 2004, 349 f.

[44] Dazu neigen insb. hinzugerufene Notärzte (vgl. Penning 2006, 38), was kriminalistisch begrüßt wird (Weihmann 2005, 357); eine davon unabhängige Frage ist die nach den Konsequenzen dieser Einstufung resp. nach dem weiteren Verfahren (exempl. zur Debatte um das seinerzeit sog. „Kölner Modell" Mätzler 1985 und Ender 1985 mwN).

[45] Missv. die umgekehrte Logik bei Bozankaya 2010, 99: nichtnatürliche Todesursache, wenn es keine Anzeichen für einen natürlichen Tod gibt.

[46] Vgl. auch Penning 2006, 42 sowie Brinkmann/Püschel 1991; im vorliegenden Kontext wäre die „geburtstraumatisch bedingte Todesursache" – soweit aufgeklärt – ebenfalls zu den natürlichen zu rechnen, vgl. Bozankaya 2010, 99.

[47] Unzutreffend Siegfried 2010, 655, der von einer Obduktionspflicht „für alle unter sechs Jahren mit zweifelhafter Todesursache gestorbenen Kinder" (und an anderer Stelle von „an unklarer Todesursache verstorbenen Kinder") spricht: Dass es sich dabei um eine „gesundheits-/sozialbehördliche Obduktionspflicht" handele, ist zumindest irreführend.

Der bekannten Systematik aus äußerer und innerer Leichenschau[48] wurde in Bremen keine neue Fallgruppe hinzugefügt, auch wenn bereits die Einführung einer virtuellen Leichenschau gefordert wurde, also mittels bildgebender Verfahren[49]; die landesrechtlichen Fallgruppen der inneren Leichenschau wurden aber erweitert.

1. Die **äußere Leichenschau** findet immer statt (§ 3 Abs. 1 S. 1), wobei die gesetzlichen Vorgaben und Qualitätsstandards[50] zu beachten sind (§ 6 Abs. 1 S. 1 und 2): Sie ist „grundsätzlich an der vollständig entkleideten Leiche unter Einbeziehung aller Körperregionen, insbesondere auch des Rückens und der behaarten Kopfhaut, sorgfältig durchzuführen. Die Todesursache ist gewissenhaft festzustellen."[51] Des Weiteren wird festgelegt, wo diese Leichenschau stattzufinden hat (§ 7) und wer dem Leichenschauarzt bzw. der Leichenschauärztin gegenüber ggf. zur Auskunft verpflichtet ist (§ 6 Abs. 1 S. 3 und Abs. 2). Dazu gehören insb. die Angehörigen, also gerade auch die Eltern, aber ebenso andere Personen, die über zum Tode führende Ereignisse Angaben machen können, wobei ordnungswidrig handelt, wer diese Auskunft nicht oder nicht richtig erteilt (§ 21 Abs. 1 Nr. 5, mit Redaktionsfehler). Auf allgemeine Probleme insb. der ärztlichen Schweigepflicht kann an dieser Stelle nicht eingegangen werden,[52] aber selbstverständlich können die Auskunftspflichtigen die Beantwortung solcher Fragen verweigern, deren wahrheitsgemäße Beantwortung sie selbst oder einen in § 52 Abs. 1 Nr. 1 StPO bezeichneten Angehörigen der Gefahr strafrechtlicher Verfolgung oder eines Bußgeldverfahrens aussetzen würde (§ 6 Abs. 3). Ebenso selbstverständlich kann eine solche Verweigerung – im Rahmen der Gesamtumstände und auf der Grundlage einer Einzelfallprüfung – aber Zweifel am Vorliegen eines natürlichen Todes nahelegen, womit ein unaufgeklärter Tod anzunehmen wäre; dasselbe gilt für den Fall, dass unzutreffende oder widersprüchliche Auskünfte erteilt oder auf Nachfrage unzureichende Angaben gemacht werden. Auch hier würden die Gesamtumstände in der Regel Zweifel am Vorliegen eines natürlichen Baby- bzw. Kleinkindertodes nahelegen und mindestens die Annahme eines unaufgeklärten Todes (i. S. d. § 8 Abs. 2 S. 1) begründen.[53]
2. Die **innere** (zusätzlich zur äußeren) **Leichenschau** fand nach Bremer Landesrecht bisher in zwei Fallgruppen statt, und zwar

   a. **„in besonderen Fällen"** (also als Ausnahme konzipiert: § 3 Abs. 2), ohne dass das Gesetz allerdings mitteilt, worin die Besonderheit solcher Fälle

[48] Auf Exhumierungen muss hier nicht eingegangen werden, vgl. dazu u.a. Breitmeier et al. 2003.

[49] Siegfried 2010, 658 mwN.

[50] Vgl. Penning 2006, 37 ff. und Geerds 1997, 49 ff. zur „förmlichen Leichenschau" gem. § 87 StPO; zur Vermeidung von Leichenverwechslungen Verhoff/Riße/Weiler 2002 und Jopp et al. 2010.

[51] Vgl. auch Weihmann 2005, 357.

[52] Ausf. dazu Roebel/Wenk/Parzeller 2009.

[53] Ähnlich Penning 2006, 40, dies gilt auch gem. § 159 Abs. 1 StPO (s.u. VI.); zur Bedeutung der Gesamtumstände zur Klärung der Verdachtslage auch Görndt 2010.

begründet sein soll (es gibt nur diese unbestimmte Generalklausel, Regelbeispiele werden nicht genannt),

b. bei unaufgeklärter Todesart auf Anordnung der Staatsanwaltschaft als sog. **„außergerichtliche Obduktion"** (§ 12 Abs. 1 n. F., bisher § 12 S. 1), die nach Auskunft der Bremer Staatsanwaltschaft aber so nicht stattfindet, weil stattdessen die StPO zur Anwendung kommt.

Nunmehr gibt es eine dritte Fallgruppe, nämlich

c. als **Regelfall bei Babys und Kleinkindern**, wenn erstens die Todesursache nicht zweifelsfrei erkennbar oder nicht zweifelsfrei bekannt ist, und zweitens kein sonstiger Ausnahmefall vorliegt, den der Gesetzgeber mit der „soll"-Regelung explizit vorgesehen hat, wobei ein solcher Ausnahmefall[54] ausweislich der Gesetzesbegründung „insbesondere" dann anzunehmen sei, wenn nach den Umständen des Einzelfalls „eine unnatürliche Todesursache mit Sicherheit ausgeschlossen werden" könne, etwa weil das Kind in einem Krankenhaus verstorben ist[55] oder in Anwesenheit von Personen, die sachkundig eine unnatürliche Todesursache ausschließen können.[56] Die Begründung ist allerdings redundant, denn wenn eine „unnatürliche" Todesursache „mit Sicherheit ausgeschlossen werden" kann, dann gibt es auch keinen Zweifel am Vorliegen eines natürlichen Todes – so dass die tatbestandlichen Voraussetzungen der neuen Obduktionspflicht ohnehin zu verneinen wären. Wie weit die neue Obduktionspflicht reicht bzw. reichen soll, wird allerdings an anderer Stelle der Begründung im Umkehrschluss ersichtlich: „Ausgenommen von der Obduktionspflicht sind Fälle, bei denen die Todesursache zweifelsfrei bekannt ist. Hier ist an sicher diagnostizierte schwere Erkrankungen oder Fehlbildungen sowie an Unfälle zu denken."[57] Bezeichnend, dass diese Selbstverständlichkeit besonders hervorgehoben werde musste.

IV. Neues zur Systematik des Obduktionsrechts?

Vor einer abschließenden rechtlichen Würdigung ein kurzer Blick auf die Systematik des Obduktionsrechts, mit der zugleich das Bremer Landesrecht ebenso kurz verlassen werden muss. Während gängigerweise div. Sektionsformen aufgezählt

---

[54] Ungenau Siegfried 2010, 657, der eine „regelmäßig ausnahmslose Obduktionspflicht" annimmt.

[55] Warum gerade der Tod im Krankenhaus eine „unnatürliche Todesursache" (zur Definition s.o.) mit Sicherheit ausschließen soll, bleibt allerdings unerfindlich – nicht zuletzt der sog. „Frühchen-Skandal" im Bremer Klinikum (vgl. nur www.spiegel.de vom 10.11.2011 und 30.11.2011) lässt daran zweifeln: In allen fünf Todesfällen (zwischen 9.3. und 27.10.2011) in der Folge einer (nosokomialen) ESBL-Klebsiella-Infektion „wurden Anhaltspunkte für ein nicht natürliches Geschehen verneint" (Stauch 2011, 40 f.), weshalb keine Obduktionspflicht gem. § 12 Abs. 2 BremGLW bestanden habe, ggf. aber eine solche gem. § 8 Abs. 3 S. 1 wegen eines ursächlichen Zusammenhangs mit medizinischen Maßnahmen (Stauch aaO S. 42).

[56] LT-Drs. aaO S. 5.

[57] AaO.

werden,[58] wobei dann oft zwischen gesetzlich geregelten und ungeregelten unterschieden wird,[59] erscheint es nicht zuletzt aus verfassungsrechtlichen Gründen (s. u. V.) sachgerechter, zwischen **hoheitlichen** Sektionen mit gesetzlicher Ermächtigungsgrundlage einerseits und **privatrechtlichen** Sektionen mit konsensualer Legitimation andererseits zu unterscheiden: Erstere können ohne und ggf. auch gegen den erklärten Willen der Berechtigten[60] staatlich angeordnet werden; Letztere bedürfen einer wirksamen Einwilligung, wobei diese – nicht unumstritten – zum Teil in der Nichtwahrnehmung eines Widerspruchsrechts gesehen wird.[61]

1. Zu den hoheitlichen Sektionen zählt primär die innere Leichenschau (Leichenöffnung) im strafrechtlichen (Todes-)Ermittlungsverfahren gemäß §§ 87 ff. StPO, also die sog. **gerichtliche Sektion** auf Antrag der Staatsanwaltschaft; sodann die durch andere Behörden angeordnete Sektion, oft **Verwaltungssektion** genannt, wobei der Begriff erhebliche Unschärfen aufweist[62]; hierher gehören auch die **infektionsschutzrechtliche** und die **Feuerbestattungs-Sektion.**[63]
2. Zu den privatrechtlichen Sektionen gehören zunächst einmal insb. die **klinische**[64] und die **anatomische,**[65] sodann die **versicherungsrechtliche** Sektion[66]; einen Sonderfall bildet schließlich die sog. **Privatsektion.**[67]

Die Bremer Novelle stellt nur auf den ersten Blick eine Verwaltungssektion[68] dar: Legen die Berechtigten Widerspruch ein (s. auch u. VI.), hat das Amtsgericht zu entscheiden, so dass es sich um eine gerichtliche (in Bremen konkret sogar strafgerichtliche) Sektion handelt, bei der das Strafprozessrecht mindestens analog Anwendung findet. Wird hingegen im Rahmen der gesetzlich eingeräumten Bedenkzeit (24 Stunden) kein Widerspruch eingelegt, handelt es sich eigentlich um

---

[58] Exempl. Scheib 2002, 178 ff., Grolik 1995, 264 ff., Dettmeyer/Madea 2004, 359 ff.; vgl. auch Leitner 2009, 50 und BÄK 2005, Anlage 1 zu den Gründen pro Obduktion sowie Hirsch/Schmidt-Didczuhn 1992, 24 ff. und den Überblick von Dettmeyer in diesem Band.

[59] Grolik 1995, 264 ff. mwN, vgl. auch Hirsch/Schmidt-Didczuhn 1992, 24 ff.; Dettmeyer/Madea 2004, 350 sprechen von „bundesgesetzlich verankerten sog. Legalsektionen".

[60] Ausdrücklich bekräftigt vom LG Mainz in NStZ 2002, 43 (Unbeachtlichkeit der Verfügung des Verstorbenen, wonach auf eine Obduktion „verzichtet werden" soll), zust. dazu Czerner 2010, 7 ff., vgl. auch Penning 2006, 44; zur Kostentragung VG Neustadt, Urteil vom 22.8.2011 – 5 K 301/11.NW – juris.

[61] Ausf. zu diesem Aspekt, der hier nicht vertieft werden soll, Scheib 2002, 185 ff. und Dettmeyer/Madea 2004, 363 f. sowie einige Beträge in diesem Band.

[62] Hirsch/Schmidt-Didczuhn 1992, 26; Grolik 1995, 281; Scheib 2002, 178 f.; irreführend auch Siegfried 2010, 655, der im Hinblick auf die Bremer Neuregelung von einer „gesundheits-/sozialbehördlichen Obduktionspflicht" spricht.

[63] Scheib 2002, 190, vgl. auch BÄK 2005, 29 f.

[64] Ausf. zur klinischen Sektion BÄK 2005, 36 f.; zur historischen Entwicklung Groß/Schweikhardt/Schäfer in Tag/Groß 2010, 331 ff. mwN.

[65] Ausf. Grolik 1995, 276 ff., Scheib 2002, 183 ff., vgl. auch Hirsch/Schmidt-Didczuhn 1992, 25 ff.; sehr verwirrend BÄK 2005, 5, die die Verwaltungssektion zur klinischen Sektion rechnet.

[66] Grolik 1995, 282 f.

[67] Grolik 1995, 282, Dettmeyer/Madea 2004, 361, vgl. auch BÄK 2005, 31 f.

[68] Ausf. dazu auch Wirth/Strauch 1992 mwN.

eine konsensuale Sektion, auch wenn sich hier die Problematik der Widerspruchslösung besonders eindringlich zeigt, denn die Berechtigten werden sich zumeist mit der hoheitlichen Anordnung abfinden, zumal diese ohnehin gerichtlich bestätigt werden würde (s. u. VI.).

V. Verfassungsgerichtliche Vorgaben

Es sei an dieser Stelle noch einmal in Erinnerung gerufen, welche Vorgaben das BVerfG in puncto Zwangsobduktion formuliert hat:

In einer ersten Grundsatzentscheidung vom 27.07.1993[69] wurde die Ablehnung einer von den Eltern erstrebten einstweiligen Verfügung gegen die gerichtliche angeordnete Obduktion ihrer Tochter u. a. damit begründet, dass diese im konkreten Fall verfassungsrechtlich nicht zu beanstanden gewesen sei: Denn da 1. die bei einem möglicherweise in Betracht kommenden Fremdverschulden nach § 87 StPO angeordnete Obduktion der Feststellung der Todesursache diene, würdige eine Untersuchung des Leichnams die Tote nicht in ihrem postmortalen, ihr kraft ihrer Menschenwürde zustehenden Achtungsanspruch herab; und da 2. die Strafverfolgungsbehörden in Ansehung des Legalitätsprinzips auch bei entfernteren Verdachtsmomenten verpflichtet seien, den Sachverhalt einer Straftat zu erforschen und einem möglichen Beweismittelverlust vorzubeugen, sei die Anordnung einer Leichenöffnung auch in einem frühen Ermittlungsstadium wegen der mit bereits geringen Zeitverzögerungen schwindenden Zuverlässigkeit der Ergebnisse von Verfassungs wegen nicht zu beanstanden. Namentlich das im Rahmen der allgemeinen Handlungsfreiheit gewährleistete Recht auf Totenfürsorge werde durch eine dem Verhältnismäßigkeitsprinzip entsprechende (hier: Erforderlichkeit der Obduktion zur Erfüllung der Aufgaben der Strafverfolgungsbehörden; Ungeeignetheit der milderen Eingriffs der äußeren Leichenschau[70]) Anordnung der Leichenöffnung in zulässiger Weise begrenzt.[71]

Und in einem kurz danach ergangenen weiteren Kammerbeschluss vom 18.01.1994[72] wurde – im Zusammenhang mit der gerichtlichen Anordnung der Obduktion wegen eines nicht auszuschließenden ärztlichen Behandlungsfehlers im Krankenhaus – in Anknüpfung an die vorgenannte Entscheidung noch einmal auf die Bedeutung des Verhältnismäßigkeitsprinzips verwiesen, das auch prozedurale Bedeutung erlange und im vorliegenden Kontext z. B. die vorherige Anhörung des Sorgeberechtigten verlange (§ 33 Abs. 3 StPO).[73] Ungeachtet dessen wurde

[69] 2 BvR 1553/93 – NJW 1994, 783 = ArztR 1995, 65.

[70] Vgl. Czerner 2010, 9 ff.

[71] Dass auch im Rahmen einer Sektion, beim „Umgang mit der Leiche", ethische Prinzipien, insb. der Pietät zu beachten sind (ausf. Preuß 2011), versteht sich von selbst, vgl. auch Koch 1965, 528 f.

[72] 2 BvR 1912/93 – NStZ 1994, 246 = NJW 1994, 783 = ArztR 1995, 65; zu beiden Entscheidungen auch Czerner 2010, 7 ff.

[73] Dazu bereits Struckmann 1964 und Koch 1965; diff. Czerner 2010, 15 ff.

die Verhältnismäßigkeit der strafprozessual angeordneten Leichenöffnung aus den einschlägigen Regelungen der StPO abgeleitet, die dem öffentlichen Interesse an der Aufdeckung, Feststellung und Verfolgung etwaiger Straftaten dienten, die den Tod eines Menschen zur Folge gehabt haben, und gewährleisteten, dass in diesem öffentlichen Interesse erfolgende Eingriffe in das private Recht der Totenfürsorge dem verfassungsrechtlichen Verhältnismäßigkeitsgrundsatz zu entsprechen hätten in puncto Geeignetheit, Erforderlichkeit und Angemessenheit.[74] Zwar würden die Anforderungen an die Erforderlichkeit in der StPO nicht ausdrücklich umschrieben, sie ergäben sich aber aus den Aufgaben und allgemeinen Befugnissen der Strafverfolgungsorgane. So genügten für die Aufnahme ihrer Ermittlungen schon entferntere Verdachtsgründe, die es nach kriminalistischer Erfahrung als möglich erscheinen lassen, dass eine verfolgbare Straftat vorliegt, wobei die Anforderungen gerade im Hinblick auf Obduktionen nicht zu hoch angesetzt werden dürften, zumal sie mit größter Beschleunigung durchzuführen seien (s. auch u. VI.). Auch deshalb sei es nötig, eine Obduktion in einem sehr frühen Ermittlungsstadium anordnen zu können, wenn nach den Umständen eine strafbare Handlung als Todesursache nicht von vorneherein auszuschließen sei, wobei ein solcher Fall auch dann vorliegen könne, wenn bei einem plötzlichen Tod ein Fremdverschulden, wie etwa ärztliche Behandlungsfehler oder die Verletzung von Betreuungs- und Obhutspflichten in Betracht kämen.[75]

VI. Die Rechtslage: Handlungsbedarf?

In der einschlägigen Kommentarliteratur wird in diesem Zusammenhang u. a. ausdrücklich klargestellt, dass sich Anhaltspunkte für einen nicht natürlichen Tod (gemäß § 159 Abs. 1 StPO) bei jüngeren – und erst recht bei besonders jungen – Menschen „sogar aus dem Fehlen von Anhaltspunkten für einen natürlichen Tod" ergeben könnten.[76] Und Maiwald hat bereits 1978 (aus Anlass der noch immer gültigen Neufassung der Richtlinien für das Strafverfahren[77]) deutlich gemacht, dass Unklarheiten über die Todesursache ausreichten, eine Obduktion zu veranlassen, und zwar dann, wenn sie auch nur die Möglichkeit einer Straftat gedanklich

[74] Vgl. Czerner 2010, 9 ff.; Siegfried 2010, 658 formuliert in Anknüpfung daran verfassungsrechtliche Bedenken gegen das Bremer Gesetz und einen Alternativentwurf.

[75] BVerfG 2 BvR 1912/93 aaO; dass umgekehrt die Nichtvornahme einer Obduktion bei einem nach Überzeugung der Staatsanwaltschaft in suizidaler Absicht herbeigeführten tödlichen Unfallgeschehen ebenfalls verfassungsrechtlich vertretbar und auch mit einschlägiger Rechtsprechung des EGMR zu vereinbaren ist, geht aus einem Beschluss vom 4.2.2010 hervor (2 BvR 2307/06 – EuGRZ 2010, 145 unter Verweis u.a. auf EGMR NJW 2001, 1989 ff.).

[76] Meyer-Goßner 2012 § 159 Rn. 5; Erb in: Löwe-Rosenberg 2008 § 159 Rn. 3, vgl. auch ders. Rn. 2: „nicht natürlicher Tod immer dann …, wenn sichere Anzeichen für einen natürlichen, d.h. alters- oder krankheitsbedingten Tod fehlen"; ausf. Hörnle 2010, vgl. Siegfried 2010, 656.

[77] Richtlinien für das Strafverfahren und das Bußgeldverfahren vom 1.1.1977 (letzte - hier nicht einschlägige - Änderung vom 1.11.2007, abgedruckt im BAnz S. 7950).

zuließen.[78] Nr. 33 Abs. 2 dieser Richtlinien lautet: „Lässt sich bei einer Leichenschau eine Straftat als Todesursache nicht ausschließen, oder ist damit zu rechnen, dass die Feststellungen später angezweifelt werden, so verlangt der Staatsanwalt grundsätzlich die Leichenöffnung." Es handelt sich zwar um nicht mehr als eine Richtlinie, die zunächst einmal nur für die Staatsanwaltschaft, nicht aber für das Gericht gilt, so dass die Kritik berechtigt erscheint, die Voraussetzungen der Obduktion seien in der StPO selbst nur unzureichend benannt[79] – dieses Problem ist aber eben auf der Ebene des Strafprozessrechts zu lösen, was de lege lata möglich ist, wie die Praxis zeigt (jedenfalls in Bremen, und zwar bereits vor Inkrafttreten der Neuregelung), de lege ferenda aber konkretisiert werden könnte.[80]

Ein Letztes zu der Widerspruchslösung, die im Zuge der Auseinandersetzungen um den zunächst vorgelegten Bremer Gesetzentwurf als Kompromiss aufgenommen wurde[81]: Sie ist – ohne hier aus Platzgründen auf Details eingehen zu können – unklar und widersprüchlich. Bisher hat sie, so wie die Neuregelung insgesamt, keine Anwendung gefunden. Die Personensorgeberechtigten, in der Regel also die Eltern, werden vom Leichenschauarzt darüber informiert, dass er die Voraussetzungen der inneren Leichenschau für gegeben hält und dass sie gegen die Obduktion Widerspruch einlegen können. Hierfür haben sie eine Bedenkzeit von 24 Stunden.[82] In einem vorbereiteten Informationsbogen wird ihnen hierfür die Telefonnummer des Bremer Instituts für Verkehrs- und Rechtsmedizin mitgeteilt – bisher war es eigentlich üblich, Widersprüche schriftlich oder mündlich zu Protokoll einzulegen. Das Institut als quasi-Widerspruchsbehörde hat dann zu entscheiden, ob es dem Widerspruch abhilft und die Obduktion verweigert – andernfalls hat es den Widerspruch dem Vorermittlungsrichter beim Amtsgericht zur Entscheidung vorzulegen. Solange hat der Widerspruch aufschiebende Wirkung. Gegen die Entscheidung des Amtsrichters kann Beschwerde eingelegt werden, die im Regelfall aber keine aufschiebende Wirkung mehr hat, und insoweit eigentlich auch sinnlos ist.[83] Das

[78] Maiwald 1978, 562 f., 566, vgl. auch Geerds 1997, 75 ff., krit. Dettmeyer/Madea 2004, 354 f.; dass bereits vor längerer Zeit die staatsanwaltschaftliche Anwesenheitspflicht bei Obduktionen beseitigt wurde (vgl. nur Dähn 1978 und Kimpel 1987, 53 f.), hat offenbar nicht – wie seinerzeit vermutet – zu einer Steigerung der Obduktionsrate geführt.

[79] Vgl. auch Czerner 2010, 5 ff. und Maiwald 1978, 565 f.

[80] Geerds 1997, 48, 84 ff.; Reformvorschläge zur Qualifikation der Sektionsärzte bei Kimpel 1987 und Kijewski 2007, vgl. auch Parzeller/Dettmeyer/Bratzke 2009 und 2010 und Dettmeyer/Madea 2004, 364 ff. zu Gesetzentwürfen.

[81] Nach Auskunft des Staatsrates Schulte-Sasse im Bremischen Gesundheitsressort (laut radiobremen.de vom 26.1.2011) sei damit einem „Anliegen von verunsicherten Eltern" Rechnung getragen worden.

[82] Eine „Durchführungsrichtlinie nach § 12 Absatz 2 LeichenG" der Bremer Gesundheitssenatorin vom 21.10.2011 bestimmt in Nr. 5 Abs. 3 zudem: „Aus Sicherheitsgründen sollte auch dann, wenn die Sorgeberechtigten gegenüber dem Leichenschauarzt bereits eine Einverständniserklärung abgeben, vor Beginn der Obduktion der Ablauf der 24stündigen Widerspruchsfrist abgewartet werden für den Fall, dass die Sorgeberechtigten innerhalb dieser Frist ihre Einverständniserklärung noch widerrufen und doch Widerspruch einlegen.".

[83] Bezeichnenderweise heißt es in dem amtlichen Standardschreiben an betroffene Eltern (s.o. Fn 11): „Auch wenn diese Untersuchung generell vorgeschrieben ist, haben Sie 24 Stunden Zeit, unter der folgenden Telefonnummer Widerspruch einzulegen: ...".

Kuriose an der Konstruktion ist, dass es ein vergleichbares Widerspruchsrecht in der Strafprozessordnung nicht gibt[84] – die Bremer Staatsanwaltschaft, die wie gesagt in den fraglichen Fällen ohnehin einbezogen wird, sieht sich hieran auch nicht gebunden; bisher ist es nicht zum Konflikt gekommen, es sind aber durchaus Konstellationen vorstellbar, in denen die durch ein Widerspruchsverfahren ausgelösten Verzögerungen sowohl kriminalistisch als auch strafprozessrechtlich nicht vertretbar sind.[85]

VII. Resumée

1. Der „Fall Kevin" bot keinen Anlass, das Bremer Gesetz über das Leichenwesen zu ändern: die Gründe waren andere im Rahmen eines allgemeinen politischen Handlungsdrucks, der bekanntlich zu symbolischer Gesetzgebung drängt; daneben mögen öffentlich unausgesprochene Interessen eine Rolle gespielt haben, darüber sollte hier nicht spekuliert werden.
2. Das erweiterte Recht der Leichenöffnung als Sektion des Kinderschutzes zu deklarieren, ist nicht nur makaber, es entbehrt auch einer empirischen Grundlage.
3. Der Grundsatz „im Zweifel Kinderleichenöffnung" galt schon bisher – die landesgesetzliche Begründung des Prinzips „nur bei Zweifelsfreiheit keine Kinderleichenöffnung" ist neu; bei zutreffender Anwendung der einschlägigen StPO-Vorschriften wäre aber auch dieses Prinzip geläufig.
4. Das herkömmliche System des Sektionsrechts wird durch die Bremer Novelle zusätzlich verwirrt: Es wird nicht mehr Rechtssicherheit geschaffen, sondern das ohnehin bestehende normative Chaos eher noch vergrößert.
5. Sog. „Verwaltungssektionen" gab es – jenseits aller begrifflichen Unschärfen – schon bisher, auch in Bremen (jedenfalls auf dem Papier); die Neuregelung stellt insofern einen verwirrenden Sonderfall dar.
6. Die landesrechtliche Regelobduktion von Baby- und Kleinkinderleichen ist mit verfassungsrechtlichen Vorgaben nur schwer vereinbar: Ihre Pauschalität negiert die Rechte der Sorgeberechtigten, die Verhältnismäßigkeit gerät aus dem Blick.
7. Hoheitliche Zwangssektionen (also ohne Zustimmung der Sorgeberechtigten) sollten eine Materie des Strafprozessrechts bleiben: Ungeachtet dessen gilt – nicht nur in Bremen – „Bundesrecht bricht Landesrecht".
8. Die Bremer Widerspruchslösung ist in mehrfacher Hinsicht problematisch und widersprüchlich, letztlich aber unbeachtlich (und ist jedenfalls in Bremen bisher auch unbeachtet geblieben).

[84] Vgl. Czerner 2010, 8 f. zu LG Mainz NStZ 2002, 43, sowie Siegfried 2010, 657 zu weiteren Unklarheiten.

[85] Dazu auch Parzeller/Dettmeyer/Bratzke 2009, 2 f. mwN zur Bedeutung des Beschleunigungsprinzips.

9. Das Ziel, unnatürliche Todesfälle möglichst lückenlos aufzuklären, ist grundsätzlich legitim, nicht nur im Baby- und Kleinkindalter, seine Verwirklichung stößt allerdings an Grenzen, die vom Bremer Landesgesetzgeber überschritten wurden.
10. Ob die sog. „Verwaltungssektion" eine Option für den Landesgesetzgeber ist, kann hier nicht abschließend beantwortet werden – die Bremer Novelle taugt aber jedenfalls nicht als Vorbild.

Literatur

Albani, M. (1991) Der plötzliche Säuglingstod: Eine absolute Obduktionsindikation. MedR 8: 243–246

Bajanowski, T./Kleemann, W.J. (2002) Der plötzliche Kindstod. Rechtsmedizin 12: 234–248

Bode-Jänisch, S./Krüger, A.-K./Todt, M./Germerott, T./Hagemeier, L. (2011) Suizide von Kindern, Jugendlichen und Heranwachsenden. Archiv für Kriminologie 227: 33–42

Bozankaya, N. (2010) Neonatizid – Die rechtliche Reaktion auf die Tötung Neugeborener. Berlin: LitVerlag

Breitmeier, D./Grafe-Kirci, U./Albrecht, K./Günther, D./Kleemann, W.J./Tröger, H. (2003) Exhumierungen. Kriminalistik 57: 611–615

Brinkmann, B./Püschel, K. (1991) Definition natürlicher, unnatürlicher, unklarer Tod. Todesursachenklärung. Derzeitige Praxis. MedR 8: 233–238

Brugger, C.M./Kühn. H. (1979) Sektion der menschlichen Leiche: Zur Entwicklung des Obduktionswesens aus medizinischer und rechtlicher Sicht. Stuttgart: Enke

Bundesärztekammer (2005) Stellungnahme zur „Autopsie" (vom 26.8.2005) http://www.bundesaerztekammer.de/downloads/AutLang.pdf (letzter Aufruf: 18.1.2012)

Czerner, F. (2010) Strafprozessuale Verdachtsgraduierung, Verhältnismäßigkeitsrestriktionen und Veto-Optionen bei rechtsmedizinisch indizierten Sektionen. Archiv für Kriminologie 226: 1–23

Dähn, G. (1978) Die Leichenöffnung: Augenscheins- oder Sachverständigenbeweis? Juristenzeitung 640–642

Dettmeyer, R./Madea, B. (2004) Regelungsdefizite im Leichenschau- und Obduktionsrecht der Bundesrepublik Deutschland. Kritische Vierteljahresschrift für Gesetzgebung und Rechtswissenschaft 87: 349–370

Du Chesne, A./Bajanowski, T./Brinkmann, B. (1997) Spurenarme Tötungsdelikte an Kindern. Archiv für Kriminologie 199: 21–26

Emig, O. (2007) Der vermeidbare Tod eines Kleinkindes unter staatlicher Fürsorge. Neue Praxis 37: 445–464

Ender, K. (1985) Hochkonjunktur für einfallsreiche Mörder. Auswirkungen des Kölner Leichenfundort-„Modells"? Kriminalistik 39: 175–177

Fegert, J./Ziegenhain, U./Fangerau, H. (2010) Problematische Kinderschutzverläufe: mediale Skandalisierung, fachliche Fehleranalyse und Strategien zur Verbesserung des Kinderschutzes. Weinheim et al.: Juventa

Geerds, F. (1997) Über rechtliche und tatsächliche Probleme von Leichenschau und Leichenöffnung (§ 87 StPO). Archiv für Kriminologie 199: 41–52 und 75–87

Görndt, J. (2010) Tötungsdelikte bei Säuglingen und Kleinkindern in Hamburg und Umgebung 1988 bis 2002. Diss. med. Hamburg

Grolik, U. (1995) Leichenschau und Leichenöffnung in rechtsvergleichender Sicht im deutschen Sprachraum. Diss. jur. Köln

Große Perdekamp, M./Bohnert, M./Ropohl, D. (2000) Aufdeckung eines äußerlich spurenlosen Tötungsdelikts an einem Säugling. Archiv für Kriminologie 206: 160–167

Häßler, F./Schepker, R./Schläfke, D. (Hg.) (2008) Kindstod und Kindstötung. Berlin: MWV
Helbing, B. (2004) Die Würde des Menschen nach dem Tod. Kriminalistik 58: 443–447
Herrmann, B./Dettmeyer, R./Banaschak, S./Thyen, U. (2008) Kindesmisshandlung. Heidelberg: Springer
Hirsch, G./Schmidt-Didczuhn, A. (1992) Transplantation und Sektion. Die rechtliche und rechtspolitische Situation nach der Wiedervereinigung. Heidelberg: C. F. Müller
Hörnle, T. (2010) (Straf-)Rechtliche Aspekte der Sektion nach deutschem Recht, in: Tag/Groß (aaO) 109–132
Jopp, E./Mull, G./Birkholz, H./Edler, C./Püschel, K. (2010) Vermeidung der Leichenverwechslung. Sichere Identifikation mithilfe des Fingerabdruckscanners. Rechtsmedizin 21: 45–47
Kimpel, T. (1987) Über Leichenschau und Leichenöffnung. Kritische Würdigung des § 87 StPO und Vorschläge für Praxis und Gesetzgeber. Archiv für Kriminologie 179: 45–56
Koch, H.-J. (1965) Pietät und Wahrheitsermittlung bei Obduktionen. Neue Juristische Wochenschrift 18: 528–529
Krohn, J./Anders, S./Püschel, K./Schröder, A.S. (2011) Tötung von Neugeborenen – Neonatizide in Hamburg von 1998 bis 2008. Archiv für Kriminologie 227: 174–180
Leitner, B. (2009) Todesursachenstatistik und Obduktionen. Österreichische Ärztezeitung 9: 42–58
Lockemann, U./Püschel, K. (1992) Todesfälle durch Strangulation im Kindesalter. Kriminalistik 46: 459–462
Lockemann, U./Püschel, K. (1995) Plötzlicher Kindstod? Kriminalistik 49: 127–128
Löwe-Rosenberg (2008) Strafprozessordnung. 25. Aufl. Berlin: de Gruyter
Mätzler, A. (1985) Im Zweifel ermitteln. Zur Phänomenologie der Latenz der Tötungsdelikte wie zur Diskussion der Kölner Leichenfundort-„Modelle". Kriminalistik 39: 328–330
Maiwald, M. (1978) Zur Ermittlungspflicht des Staatsanwalts in Todesfällen. Neue Juristische Wochenschrift 31: 561–566
Maxeiner, H. (2008) Das Schütteltrauma von Säuglingen: eine schwerwiegende Diagnose auf unsicherem Fundament? Archiv für Kriminologie 221: 65–86
Mai, A. (1982) Diagnosestellung niedergelassener Ärzte bei der Leichenschau im Vergleich zu den Ergebnissen der gerichtlichen Obduktion. Diss. med. Mainz
Meyer-Goßner, L. (2012) Strafprozessordnung. 54. Aufl. München: Beck
Modelmog, D./Goertchen, R. (1992) Der Stellenwert von Obduktionsergebnissen in Beziehung zu Sektionsfrequenz und amtlicher Todesursachenstatistik (Görlitzer Studie). Deutsches Ärzteblatt 89: A 3434–3440
Parzeller, M./Dettmeyer, R./Bratzke, H. (2009) Die äußere und innere Leichenschau nach der deutschen Strafprozessordnung – Analyse des § 87 StPO unter besonderer Berücksichtigung der gerichtlichen Leichenöffnung. Archiv für Kriminologie 223: 1–23
Parzeller, M./Dettmeyer, R./Bratzke, H. (2010) Zur Reform der gerichtlichen Leichenöffnung in der Strafprozessordnung. Archiv für Kriminologie 225: 73–80
Parzeller, M./Zedler, B./Bratzke, H./Dettmeyer, R. (2010) Tödliche Gewalt gegen Kinder. Rechtsmedizin 20: 167–178
Penning, R. (2006) Rechtsmedizin systematisch. 2. Aufl. Bremen et al.: Uni-Med
Preuß, D. (2011) Pietät in der Rechtsmedizin. Autopsie eines Begriffs. Rechtsmedizin 21: 286–290
Riße, M. (2002) Tod im Neugeborenen- und Säuglingsalter. Archiv für Kriminologie 209: 169–179
Roebel, A./Wenk, M./Parzeller, M. (2009) Postmortale ärztliche Schweigepflicht. Rechtsmedizin 19: 37–52
Rückert, S. (2000) Tote haben keine Lobby – die Dunkelziffer der vertuschten Morde. Hamburg: Hoffmann & Campe
Schäfer, A.T./Erkrath, K.D./Riße, M. (1992) Kindesmißhandlung mit Todesfolge im Essener Sektionsgut. Archiv für Kriminologie 190: 141–150
Scheib, K. (2002) Die Dunkelziffer bei Tötungsdelikten aus kriminologischer und rechtsmedizinischer Sicht. Berlin: Logos
Siegfried, M. (2010) Obduktionspflicht bei Kindern: Staatlicher Schutzauftrag und postmortales Elternrecht. GesundheitsRecht 9: 654–658

Stauch, M. (2011) Ausbruch von ESBL bildenden Klebsiella pneumonia im Zentrum für Kinderheilkunde Klinikum Bremen Mitte im Jahr 2011 (unveröff. Bericht des Justizstaatsrats an den Senat). Bremen

Struckmann, H. (1964) Obduktion ohne Anhörung der Angehörigen? Neue Juristische Wochenschrift 17: 2244–2245

Tag, B./Groß, D. (Hg.) (2010) Der Umgang mit der Leiche. Frankfurt/M.: Campus

Verhoff, M.A./Riße, M./Weiler, G. (2002) Leichenverwechslung – ein vermeidbares Problem? Archiv für Kriminologie 209: 9–13

Vock, R. et al. (1999) Tödliche Kindesmißhandlung (durch physische Gewalteinwirkung) in der DDR im Zeitraum 1.1.1985 bis 2.10.1990. Archiv für Kriminologie 204: 75–87

Vock, R./Trauth, W. et al. (1999a) Tödliche Kindesmißhandlung (durch physische Gewalteinwirkung) in der Bundesrepublik Deutschland im Zeitraum 1.1.1985 bis 2.10.1990. Archiv für Kriminologie 203: 73–85

Vock, R./Trauth, W. et al. (1999b) Tödliche Kindesvernachlässigung in der Bundesrepublik Deutschland im Zeitraum 1.1.1985 bis 2.10.1990. Archiv für Kriminologie 204: 12–22

Weihmann, R. (2005) Kriminalistik. 8. Aufl. Hilden: VDP

Wirth, I./Strauch, H. (1992) Immer aktuell: Verwaltungssektionen. Kriminalistik 46: 705–709

Leichenversuche im Dienste der Wissenschaft und der Patientenversorgung

Bernhard Kretschmer

I. Einführung und Überblick

In der Einleitung ihres faszinierenden Buches „Stiff – The Curious Lives of Human Cadavers" (2003) zeichnet die Wissenschaftsjournalistin *Mary Roach* ein eigentümliches Bild darüber, was es heißen kann, tot zu sein. Danach gleiche das Totsein einer Kreuzfahrtreise: Beide – der Tote wie der Kreuzfahrer – lägen nämlich die meiste Zeit auf ihrem Rücken, mit heruntergefahrenem Gehirn und erweichendem Fleisch, wobei nicht viel geschieht und niemand etwas von ihnen erwartet.[1] Weil diese Törns vielleicht etwas fade sind, favorisiert die genannte Autorin solche Kreuzfahrten, auf denen die Reisenden ungewöhnliche Orte besuchen und selbst in wissenschaftliche Forschungen eingebunden werden. Wenn das für Kreuzfahrten zu Lebzeiten zutrifft – warum sollte das im Tode anders sein? Wieso nur herumliegen, wenn man etwas Interessantes, Neues und vielleicht sogar Nützliches unternehmen kann? – „Death. It doesn't have to be boring."[2]

Angesprochen ist damit die Verwendung, Nutzung oder – neutraler – Einbeziehung des menschlichen Leichnams in die wissenschaftliche Welt. In gröberem Rahmen meint das auch die Erforschung des menschlichen Körpers und seiner Krankheiten mithilfe von Sektionen, gleich ob sie zur medizinischen Ausbildung, in der klinischen Praxis, aus forensischen oder sonstigen Gründen erfolgen – doch sollen sie hier nicht Thema sein.[3] Auch geht es in diesem Beitrag nicht um die Forschung

[1] Roach, Stiff. The Curious Lives of Human Cadavers, 2003, S. 9. Eine deutsche Übersetzung dieses Werkes ist ein unerfüllter Wunsch. Immerhin ist die englische Paperback-Fassung (2004) jedenfalls derzeit noch für kleines Geld über den deutschen Buchhandel zu beziehen.

[2] Roach, Stiff, 2003, S. 11.

[3] Vgl. dazu in diesem Band die Beiträge von Kienzle, Brockmann, Dettmeyer, Schliephorst und Pollähne.

B. Kretschmer (✉)
Lehrstuhl für Strafrecht und Strafprozessrecht, Ruhr-Universität Bochum,
Universitätsstraße 150, 44801, Bochum, Deutschland
E-Mail: Bernhard.Kretschmer@rub.de

A. Wienke et al. (Hrsg.), *Rechtsfragen der Obduktion und postmortalen Gewebespende,* MedR Schriftenreihe Medizinrecht, DOI 10.1007/978-3-642-29473-0_5,

an und mit menschlichem Gewebematerial, die vor mancherlei spezifische Frage stellt.[4] Vielmehr ist der Blick auf Versuche an und mit Leichen zu richten, durch die ein weitergehendes Forschungsinteresse befriedigt oder ein spezifischer Lernerfolg erzielt werden soll. Dazu gilt es, sich zunächst mit den mannigfachen Erscheinungsformen zu befassen, in denen sich Leichenversuche präsentieren (II.). Diese Befunde bedürfen sodann der juristischen Einordnung und Bewertung (III.), bei der Aspekte des Straf-, Zivil- und Öffentlichen Rechts ebenso einzubeziehen sind wie solche des Bundes-, Landes- und womöglich internationalen Rechts. Zu ergänzen ist all das mit der Fernsicht auf die Rechtsentwicklungen in England, der Schweiz und Österreich (IV.), die eine etwaige Reform inspirieren können (V.).

II. Erscheinungsformen des Leichenversuchs

1. Geschichtliche Reminiszenz: Galvanisierung und Guillotine

Den menschlichen Leichnam als Forschungs- und Lehrgegenstand heranziehen zu wollen, ist mitnichten neu. Als sich die religiöse Tabuisierung abschwächte, erleichterte das nicht nur die anatomische Erforschung, sondern auch Experimente an und mit menschlichen Leichen. Zum Beispiel standen um die Wende des 18. zum 19. Jahrhundert galvanische Versuchsstellungen hoch im Kurs. In dieser Zeit – als die elektrische Nutzung ihre Anfänge nahm – träumten nicht wenige Forscher davon, irgendwann einmal Tote mittels Galvanisierung wiederbeleben zu können. Dazu setzten probierfreudige Ärzte nicht nur verstorbene Patienten unter Strom.[5] Besonderen Zuspruchs erfreuten sich exekutierte Straftäter, die der Anatomie übergeben oder sonst für wissenschaftliche Versuche verwendet wurden.[6] Ein prägnantes Beispiel dafür liefert der „Schinderhannes" – der berühmte, literarisch durch *Zuckmayer* verewigte Räuberhauptmann *Johannes Bückler* –, dessen Leichnam 1803 mitsamt denen seiner ebenso guillotinierten Gefährten durch Mitglieder der Mainzer Medizinischen Privatgesellschaft galvanisiert wurde.[7] Solch Forschung erscheint roh und war schon damals nicht unangefochten,[8] ebnete aber das Feld für das, was wir in unserer modernen Intensiv- und Notfallmedizin wie

[4] Dazu in diesem Band die Beiträge von Lippert und Schirmacher.

[5] Illustrativ Heidmann, Zuverlässiges Prüfungsmittel zur Bestimmung des wahren von dem Scheintode, 1804, §§ 86, 88, 90 ff.

[6] Kretschmer, Der Grab- und Leichenfrevel als strafwürdige Missetat, 2002, S. 518 ff. m.w.N.

[7] Ausführlich Mann, Schinderhannes, Galvanismus und die experimentelle Medizin in Mainz um 1800, in: Medizinhistorisches Journal 12 (1977), S. 21 ff.; s.a. Kretschmer, Der Grab- und Leichenfrevel als strafwürdige Missetat, 2002, S. 530 sowie Martschukat, Inszeniertes Töten, 2000, S. 129 ff.

[8] So ließ der preußische König *Friedrich Wilhelm* III. schon 1803 verlauten, dass solche Versuche „in den Gesetzen nirgends erlaubt" seien. Es folgte der Erlass vom 3.3.1804 zur Preußischen

selbstverständlich einsetzen. Es darf übrigens ergänzt werden, dass dieser Zeitgeist auch den schauerromantischen „Frankenstein“ inspirierte, den uns *Mary Shelley* schrieb. Wer ihn nicht gelesen hat – was eine Lücke reißt, die sich zu schließen lohnt –, kennt doch zumindest eine oder mehrere der vielen Verfilmungen, die sich mal mehr, mal weniger an der literarischen Vorlage orientieren. Das vermeintliche Monster – genauer: „Der moderne Prometheus“ (so der Untertitel des Briefromans) – ist nichts anderes als das Leib gewordene Resultat jener Forschung, die der fiktive *Victor Frankenstein* einst mit Leichen trieb.

Ungeachtet des fiktionalen Gehalts illustriert der vorangegangene Absatz die Ambivalenz von Leichenversuchen und Wissenschaft überhaupt, die sich ins Gute wie ins Schlechte wenden können, ohne dass die Unterscheidung immer sicher zu treffen ist. So ist zu bedenken, dass die Guillotine zunächst an verstorbenen „Probanden“ ausgetestet worden war,[9] bevor sie gegen todgeweihte Strafsubjekte wie den *Schinderhannes* eingesetzt wurde. Angesichts der heutigen Ächtung der Todesstrafe und unseres Wissens darüber, wie das Fallbeil in der französischen Revolution zur Massentötung instrumentalisiert wurde, scheint es zweifelsfrei der Barbarei zugeordnet werden zu können. Initiiert wurde die Guillotine freilich vom gleichnamigen Arzt nicht zuletzt aus Gründen der Humanität.[10] Damals war die Zeit für die Abschaffung der Todesstrafe einfach noch nicht gekommen. Wer aber die Hinrichtungspraxis kennt, in der die Henker das Richtschwert schwangen und dabei oftmals mehr als eines Hiebes bedurften, bis das arme Opfer sein Ende fand, kann sich den Beweggründen des französischen Arztes nicht verschließen – und damit auch den Versuchen an Leichen.

2. Einsatz zur Patientenversorgung

Eine überragende Bedeutung besitzen Versuche an Leichen bis in die Gegenwart, wenn es um die Patientenversorgung geht. Das betrifft vordringlich die Entwicklung neuer Operationstechniken und die Einübung in selbige. Nehmen wir zum Beispiel die Errungenschaften der Endoskopie, so haben sie sich sämtlich zuerst auch an und in Leichen (und nicht nur in Tieren) bewähren müssen.[11] Das gilt nicht minder für die Implantologie. Dass künstliche Hüftgelenke heute von vorne eingesetzt werden, wodurch das Durchtrennen wichtiger Muskelgruppen vermieden wird und die Mobilität und Lebensqualität der betroffenen Patienten erhalten bleibt, ist nicht zuletzt Leichenversuchen geschuldet. Ebenso erlernen die zahnmedizinischen

---

Kriminalordnung, der „galvanische und Reitzungsversuche mit dem Körper enthaupteter Personen und einzelner Theile desselben“ verbot (dazu Wirth, Exekution, 1993, S. 119 ff., insbes. S. 124 f.).

[9] Wirth, Exekution, 1993, S. 112 f.

[10] Weiterführend Martschukat, Inszeniertes Töten, 2000, S. 117 ff.; Wirth, Exekution, 1993, S. 104 ff.

[11] Vgl. dazu etwa Witte u.a., Der Chirurg 70 (1999), S. 923 ff.; s.a. Herzog/Schwarz, Radiology 221 Suppl., 2001, S. 341 f.

Implantologen ihr Hand- oder Kunstwerk nicht nur am Schweinekiefer, sondern auch am menschlichen Leichnam, bevor sie sich an den vitalen Patienten wagen.

Leichenversuche sind ein essentieller Zwischenschritt in der Entwicklung unzähliger Behandlungs- und Diagnostikmethoden. Künstliche Modelle oder Computersimulationen können sie lediglich ergänzen, aber nicht substituieren.[12] Im Grunde ist jeder medizinische Fachbereich potentielles Einsatzgebiet für Leichenversuche. Das gilt übrigens auch für die ästhetisch-plastische Chirurgie: Dazu verweist *Mary Roach* in ihrem genannten Buch auf Kalifornien, wo sich Schönheitschirurgen zunächst an vom Rumpfe getrennten Leichenköpfen probieren, bevor sie sich an die zahlungskräftige Kundschaft wagen – ein einigermaßen gewöhnungsbedürftiges Bild.[13] Bevor wir uns aber in weiterer Detaillierung verlieren, ist festzuhalten: Für die Entwicklung neuer diagnostischer und therapeutischer Methoden sowie die Einübung in diese ist der Versuch am menschlichen Leichnam schlechthin unverzichtbar. Übrigens werden die verstorbenen Testpersonen im angloamerikanischen Sprachraum gerne als „PMHS" bezeichnet: als *Postmortal Human Subjects*.

3. Einsatz in der Rechtsmedizin

Bedeutsam sind Leichenversuche außerdem in der Rechtsmedizin.[14] Denken wir an die Todeszeitbestimmung, so ist diese ohne vergleichende Untersuchungen am menschlichen Körper illusorisch. Weltweit profitiert die Rechtsmedizin von sog. Body Farms, in denen menschliche Verwesungsprozesse unter verschiedenen Bedingungen ausgetestet werden und die mittlerweile auch literarisches und cineastisches Interesse finden.[15] Das bezieht die forensische Entomologie mit ein, weil der menschliche Leichnam von mehreren Besiedlungswellen verschiedener Insekten heimgesucht wird. Der jeweilige Status der betreffenden Spezies gibt dem erfahrenen Rechtsmediziner respektive forensischen Entomologen wertvolle Erkenntnisse über die Liegezeit (und ggf. einen vorherigen Tat- oder Ablageort).

Versuchen an Leichen ist weiterhin das forensische Wissen darüber geschuldet, wie unterschiedliche Sägen am menschlichen Körper wirken, was bei der Untersuchung zerstückelter Tötungsopfer oder auch der Aufklärung von Versicherungsfällen zum Tragen kommt.[16] Mit toten Probanden stellen Gerichtsgutachter

[12] Zumal sich bildgebende Verfahren ebenfalls auf Leichenversuche stützen (vgl. Ackerman/Yoo, MedInfo 10, 2001, S. 887 ff.).

[13] Roach, Stiff, 2003, S. 19 ff. (Kap. 1: A Head is a Terrible Thing to Waste).

[14] S.a. Remmele (Hrsg.), Pathologie, Bd. 1: Rechtsfragen in der Pathologie u.a., 2. Aufl. 1999, S. 15.

[15] Näher zu ihnen Bass/Jefferson, Der Knochenleser 2006; Roach, Stiff, 2003, S. 61 ff. Im britischen Fernsehen läuft seit Herbst 2011 mit Erfolg die Serie „The Body Farm", die sicherlich bald auch in deutschen Heimkinos zu sehen sein wird.

[16] Ausführlich Mayer, Über die forensische Bedeutung von Sägespuren bei krimineller Leichenzerstückelung, 1972; s.a. Kretschmer, Der Grab- und Leichenfrevel als strafwürdige Missetat, 2002, S. 531.

immer wieder einmal nach, ob sich ein Unfall so zugetragen haben kann, wie es der klagende Versicherungsnehmer behauptet.[17] Recht vergleichbar standen und stehen ferner Schussversuche im rechtsmedizinischen Forschungsinteresse, weil sie wichtige Erkenntnisse liefern sowohl zur Aufklärung von Verbrechen als auch zum Schutz von Menschen (Stichwort: Weste) sowie der Wundversorgung.[18] Die Waffenindustrie – so heißt es – verzichtet mittlerweile auf solcherlei Versuche, weil sie ihrer schlichtweg nicht mehr bedarf, um die Zerstörungskraft auszutesten.

Recht bedenklich war und ist demgegenüber das richterliche Untersuchungsbegehren im belgischen Falle „Pandy".[19] Insofern ging es ab 1997 um die Klärung der Frage, ob der mutmaßliche Serientäter seine Opfer mithilfe eines Abflussreinigers aufgelöst und rückstandslos durch die Kanalisation entsorgt hatte. Eigentlich lässt sich ein solches Unterfangen nicht bewerkstelligen, ohne dass sich zumindest Verflockungen bilden, die in den Abflussrohren nachzuweisen sind. In Versuchen mit Schweinekadavern erwies sich jedoch ein bestimmter – heute so nicht mehr erhältlicher – Reiniger als hochwirksam. Das genügte dem zuständigen Richter jedoch nicht, so dass ein den Befund bestätigender Leichenversuch her musste (wonach der Hersteller des Produkts die Zusammensetzung änderte). Dass die völlige Auflösung zur Leichensuppe im wohlverstandenen Interesse des Körperspenders stand, der sich vielleicht zu höheren Forschungsidealen bestimmt sah, darf zumindest bezweifelt werden. Wie das liquide Ergebnis dieses Versuchs einer angemessenen Bestattung zugeführt worden sein mag, findet sich nicht überliefert. Der überführte Täter wurde jedenfalls im Jahre 2002 zu lebenslanger Freiheitsstrafe verurteilt.

4. Einsatz in der Traumatomechanik

Zu skandalisierenden Schlagzeilen kam es vor einigen Jahren, als die Öffentlichkeit davon Kenntnis nahm, dass Leichen bei Crash-Tests als Dummies eingesetzt wurden.[20] In den 1990er Jahren setzte die negative Publicity das betreffende Heidelberger Institut stark unter Druck, in der Dekade darauf wiederholte sich Ähnliches im Zuge des Grazer EU-Projekts „Whiplash" (betreffend Schleudertrauma). Dabei war und ist der Einsatz von Leichen in der sog. Traumatomechanik nie ein

---

[17] Sei es beim angeblichen Holzmachen oder auf andere Weise (vgl. bspw. OLG Celle, NJW-RR 1994, S. 1113; OLG Hamburg, VersR 1991, S. 763).

[18] Roach, Stiff, 2003, S. 131 ff. (Kap. 6: The Cadaver who joined the Army).

[19] Dazu Kretschmer, Der Grab- und Leichenfrevel als strafwürdige Missetat, 2002, S. 531 f.

[20] Vgl. dazu Spiegel 48/1993 sowie zum Folgenden weiterführend auch Mattern, Traumatomechanische Forschung an Leichen – Ist sie wissenschaftlich stringent?, in: Heidelberger Jahrbücher 38 (1994), S. 125 ff.; *ders.*, Experimente mit Leichen in der Unfallforschung, in: Wellmer/Bockenheimer-Lucius (Hg.), Zum Umgang mit der Leiche in der Medizin, 2000, S. 153 ff. m.w.N. (nebst Thesen, S. 5 ff.). Aus der Forschung bspw. Crandall u.a., Journal of Trauma 38 (4), 1995, S. 517 ff.

Geheimnis gewesen, wiewohl Publizität gewöhnlich nicht gesucht wurde. Leichenversuche werden bei Crash-Tests durchgeführt, seitdem es diese der Fahrsicherheit dienenden Experimente gibt.[21] Bevorzugten Einsatz finden in den zu verunfallenden Fahrzeugen zwar die bekannten Crash-Test-Dummies. Um diese sachgerecht kalibrieren zu können, ist es allerdings unerlässlich, zuweilen Leichen als postmortale Stuntmen zu verwenden. Bedenkt man, wie sich die aktive und passive Sicherheit von Fahrzeugen im Laufe der Zeit verbessert hat, wodurch die Zahl der Verkehrstoten trotz zunehmenden Straßenverkehrs drastisch abgenommen hat, bestehen an der Nützlichkeit solcher Versuche ebenso wenig Zweifel wie in den Fällen der Patientenversorgung.[22] Dass Leichenversuche einen echten Unfall nicht gänzlich nachstellen können, versteht sich von selbst (kein Kreislauf, kein Muskeltonus), tut ihnen aber keinen Abbruch. Ebenso selbstverständlich sollte sein, dass traumatomechanische Versuchsstellungen nicht allein auf den Crash-Test reduziert werden dürfen.

5. Einsatz für die historische Forschung und zur Demonstration

Nur hinzuweisen ist darauf, dass es selbst in der historischen Forschung zu Leichenversuchen kommt. Zu nennen sind Kreuzigungsexperimente, durch die tradierte Vor- und Darstellungen widerlegt wurden, dass die Kreuzigungsnägel durch die Handflächen getrieben worden seien, oder solche, die sich mit der Authentizität des Turiner Grabtuches befassen.[23] Zu nennen sind ferner Mumifizierungsversuche, welche die Schilderung des *Herodot* zur ägyptischen Bestattung verifizierten.[24] Ohnehin gründet jede Form der künstlichen Konservierung eines Leichnams auf diesbezüglichen Versuchen. Das gilt nicht zuletzt für die Balsamierung eines *Lenin*, eines *Mao* oder sonstigen Staatsheiligen oder auch für die publikumsträchtige Plastination, die nicht nur der Exhibierung verstorbener Menschen dient, sondern einen handgreiflichen Ausbildungsnutzen besitzt, um die menschliche Anatomie zu veranschaulichen.[25] Hierbei geht es um Erkenntnisse, die Verwesungsprozesse unterbinden, welche auf den genannten *Body Farms* gerade Gegenstand des Forschungsinteresses sind.

[21] Näher Roach, Stiff, 2003, S. 87 ff. (Kap. 4: Dead Man Driving). Die Versuche begannen in den 1950ern, in Heidelberg Ende der 1960er; vgl. aus der Forschung bspw. Crandall u.a., Journal of Trauma 38 (4), 1995, S. 517 ff. und King u.a., ebd., S. 564 ff.

[22] Zum Nutzen siehe auch King u.a., Journal of Trauma 38 (4), 1995, S. 564 ff.

[23] Siehe bereits Roach, Stiff, 2003, S. 157 ff. (Kap. 7: Holy Cadaver).

[24] Dazu und zum Folgenden Kretschmer, Der Grab- und Leichenfrevel als strafwürdige Missetat, 2002, S. 329 ff. m.w.N.

[25] Gerade für die anatomische Ausbildung ist die Konservierung des Leichnams von hoher Wertigkeit (dazu etwa Jiminez-Collado u.a., Acta Anatomy 152 [1995], S. 297 ff.; Thiel, Annals of Anatomy 174 [1992], S. 185 ff. sowie 197 ff.).

6. Versuche an Hirntoten

Zuletzt ist zu bedenken, dass Versuche auch an Hirntoten nutzbar sein können. Freilich wird die Frage, ob der Tod des Gehirns mit dem des Menschen gleichzusetzen ist, nicht mehr so uniform bejaht wie noch in den 1970er und 1980er Jahren.[26] Umso wichtiger ist eine zuverlässige Hirntoddiagnostik.[27] Aus diesen und weiteren Gründen ist der Hirntote von einigem Interesse für die Neurologie – und nicht nur für diese. Dass bei Versuchen mit Hirntoten das Transplantationsinteresse nicht außer Acht geraten darf, muss solcher Forschung keinen Abbruch tun, zumal sie die Chancen erfolgreicher Organverpflanzung verbessern kann.[28] Als Form eines klinischen Leichenversuchs kann auch die gelegentliche Problematik klassifiziert werden, dass eine hirntote Schwangere ihr Kind weiterhin und solange austrägt, bis es selbständig überleben kann. Bekannt geworden ist diese Situation am Falle des sog. Erlanger Babys, welches – im Unterschied zu vergleichbaren Fällen – letztlich nicht ins Leben kam.[29]

Hinzuweisen ist ohnehin darauf, dass eine Vivisektion des Hirntoten – und sei es unter Transplantationsvorrang – eigentlich ein anatomisches Desiderat sein müsste. Ähnliches gilt für weitere Experimente an und mit „lebenden Toten“, welche bei funktionaler Betrachtung ideale Versuchsobjekte sein dürften. Zu denken ist an pharmakologische Versuchsreihen ebenso wie an die wirklichkeitsnahe Fortentwicklung invasiver Operations- und Diagnosetechniken bei schlagendem Herzen. Dass gleichwohl weit größere Skrupel bestehen, Versuche an der warmen denn an der kalten Leiche durchzuführen, hängt gewiss auch mit dem gesellschaftlichen Unbehagen zusammen, die Funktionsbeschreibung des Hirntodes konsequent – und zumal emotional – durchzuhalten.

III. Rechtliche Bewertung des Leichenversuchs

Die bunten Erscheinungsformen der Leichenversuche werden von einer Regelungsarmut kontrastiert, die für unsere durch und durch verrechtlichte Gesellschaft ungewöhnlich ist. Geht es um pharmakologische und sonstige medizinische Testreihen an Lebenden – seien die Probanden nun einwilligungsfähig oder nicht –, finden wir dezidierte Normen im Arzneimittelgesetz (AMG) oder im Medizinproduktegesetz

---

[26] Näher Müller, Revival der Hirntod-Debatte, in: Ethik in der Medizin 22 (2010), S. 5 ff.; *dies.*, Wie tot sind Hirntote? Alte Frage – neue Antworten, APuZ 20–21/2011, S. 3 ff. m.w.N.; s.a. vermittelnd Kretschmer, Der Grab- und Leichenfrevel als strafwürdige Missetat, 2002, S. 505 ff.

[27] In diesem Sinne Stocker, Schw.Med.Wochenschrift 127 (1997), S. 1044 ff.; vgl. zum Ganzen auch Roach, Stiff, 2003, S. 167 ff. (Kap. 8: How to Know if you're Dead).

[28] S. dazu beispielhaft Venkataraman u.a., Blood Purification 22 (2004), S. 143 ff. Ohne Begründung sollen nach Deutsch/Spickhoff, Medizinrecht, 6. Aufl. 2008, Rn. 969 nur Versuche zur besseren Explantation zulässig sein.

[29] Dazu Beckmann, MedR 1993, S. 121 ff.; Hilgendorf, JuS 1993, S. 97 ff.; Kretschmer, Der Grab- und Leichenfrevel als strafwürdige Missetat, 2002, S. 532.

(MPG). Zum Leichenversuch schweigen sich diese Gesetzeswerke dagegen ebenso aus wie beispielsweise auch das Transplantationsgesetz (TPG). Behelfen und orientieren müssen wir uns deshalb am normativen Allgemeingut, sei es des Straf- oder Zivilrechts, bevor wir uns dem Landesrecht zuwenden werden.

1. Strafrechtlicher Totenschutz

a) Bei der strafrechtlichen Beurteilung von Leichenversuchen gilt der erste Zugriff dem Tatbestand des § 168 Abs. 1 StGB, der sich mit der „Störung der Totenruhe" befasst. Hier sind die Wegnahme- und die Unfugsvariante zu unterscheiden. Erstere meint den Leichendiebstahl, wonach unter Strafe steht, den Körper oder Teile des Körpers eines verstorbenen Menschen unbefugt aus dem Gewahrsam des Berechtigten wegzunehmen.[30] Historisch wurzelt diese Strafbarkeit in den Geschehnissen des 19. Jahrhunderts, als in vielen Ländern die Leichen von den Friedhöfen entwendet wurden, um sie den anatomischen Anstalten zu verkaufen.[31] Auch für die Leichenversuche des fiktiven *Frankenstein*, der sich auf den Ingolstädter Friedhöfen bediente, wäre der heutige § 168 Abs. 1 StGB – hätte er damals gegolten – einschlägig gewesen. Heute hat dieser Tatbestand nur eine sehr bescheidene praktische Bedeutung und erstreckt sich – von skurrilen Erscheinungen abgesehen – auf Fälle, in denen Hornhäute, Gehörknöchelchen oder andere Körperteile eigenmächtig zu Geld gemacht werden.[32] Auch dann scheidet eine strafbare Wegnahme aber aus, falls das Treiben von der jeweiligen Instituts- oder Klinikleitung veranlasst oder gebilligt wird. Die Angehörigen eines verstorbenen Patienten sind zwar im Regelfall vorrangig zur Obhut berechtigt, doch ist dieses Recht solange nicht bedeutsam, bis sie den Gewahrsam respektive die Obhut tatsächlich von der Klinik übernommen haben und ausüben.[33] In toto hat die Wegnahmevariante für den modernen Leichenversuch keine wirkliche Bedeutung, zumal nicht, wenn das Experiment mit dem *Postmortal Human Subject* an Ort und Stelle erfolgt.

Ein ähnlicher Befund ist für die Unfugsvariante zu zeitigen, nach der es strafbar ist, beschimpfenden Unfug am Körper oder an Teilen des Körpers eines verstorbenen Menschen zu verüben. Mit dieser antiquierten Formulierung sind nicht zuletzt Fälle gemeint, in denen der Leichnam – und sei es nur ein Leichenteil – in ungehörig roher Weise traktiert wird, wodurch ihm – wie es heißt – Schimpf angetan

---

[30] Weiterhin geht es um die tote Leibesfrucht, Teile einer solchen und die Asche eines verstorbenen Menschen.

[31] Dazu Kretschmer, Der Grab- und Leichenfrevel als strafwürdige Missetat, 2002, S. 256 ff., 519 ff.

[32] Vgl. dazu den Fall des AG Berlin-Tiergarten, NStZ 1996, S. 544; dazu Kopp, MedR 1997, S. 544 ff.

[33] Näher Fischer, StGB, 59. Aufl. 2012, § 168 Rn. 8 f.; Kretschmer, Der Grab- und Leichenfrevel als strafwürdige Missetat, 2002, S. 512 ff., 526 ff.; LK-Dippel, StGB, 12. Aufl. 2008, § 168 Rn. 41 ff., 46; Schönke/Schröder-Lenckner/Bosch, StGB, 28. Aufl. 2010, § 168 Rn. 6, jeweils m. N. pro und contra. Die im Schrifttum gelegentlich vertretene Gegenauffassung ist mit dem Gesetz schlechterdings unvereinbar (etwas befremdlich auch KG, NJW 1990, S. 782).

und er verunehrt wird.[34] Das ist freilich einigermaßen unbestimmt und lässt den Gesetzesinterpreten reichen Spielraum für persönliche Hineindeutungen. Gewiss ist richtig, dass bestimmte Handlungen gegen den Leichnam die Pietätsgefühle der Angehörigen oder der Allgemeinheit verletzen können. Eine Kriminalisierung trägt das allerdings noch nicht, was gern und meist verkannt wird. Ob dem Toten und seinem Körper eine Unfughandlung angediehen wird, die ihm zudem noch Schimpf antut, ist ersten Ranges anhand der Täter-Opfer-Beziehung zu klären. Grundfalsch ist deshalb insbesondere die Entscheidung zum sog. Kannibalen von Rotenburg, wonach dieser getötet habe, um beschimpfenden Unfug zu verüben.[35] Selbst wenn wir die Worthülse des Unfugs mit dem kannibalischen Treiben füllen wollen, wird dem Verzehrten kein Schimpf angetan, wenn er die Handlung vorab goutiert hat. Ebenso scheidet ein Leichenversuch per se als beschimpfender Unfug aus, wenn der Verstorbene seinen Körper just zu diesem Zwecke dediziert hat. Aber auch ohne oder gar gegen den vorauserklärten Willen des Toten gilt: Steht ein nachvollziehbarer Versuchsaufbau oder eine nützliche Fortbildung in Rede, der bzw. die dem Wohle der Menschheit dient oder zumindest Erkenntnisgewinn verspricht, liegt darin kein Unfug und wird dem Leichnam kein Schimpf angetan.[36] Eine Missachtung des Willens ist eben nur der halbe Weg zur Beschimpfung. Sogar im besagten Fall „Pandy“ darf nicht übersehen werden, dass die Auflösung des toten Probanden vom Willen getragen war, einen Serienmörder zu überführen. Leichenversuche, wie sie in der praktischen Wirklichkeit vorkommen, sind folglich grundsätzlich nicht als beschimpfender Unfug zu werten, mögen auch seltene Ausnahmen denkbar sein.

b) Weil Leichenversuche in aller Regel mit einem – nicht selten: erheblichen – Eingriff in die körperliche Integrität verbunden sind, lässt sich immerhin noch an eine Strafbarkeit wegen Sachbeschädigung (§ 303 Abs. 1 StGB) denken. Freilich ist es selbst für Juristen zunächst befremdlich, eine Leiche als Sache zu qualifizieren. Die juristische Einordnung als Sache – die vielleicht dem alltäglichen Sprachgebrauch zuwiderlaufen mag – besagt jedoch nichts über die Güte des jeweiligen Rechtsschutzes. Der Sachbegriff ist nämlich schlicht aus dem römischen Recht überkommen, so dass wir im Bürgerlichen Gesetzbuch (BGB) außer Sachen nur noch (natürliche und juristische) Personen sowie Rechtsgeschäfte kennen. Da der verstorbene Mensch seine Personhaftigkeit mit dem Tode verliert, ist er nicht etwa ein sich diffus verflüchtigender Rückstand von Persönlichkeit (und noch weniger ein Rechtsgeschäft), sondern kurzerhand dem Auffangbegriff der Sache zuzuordnen.[37] Es ist daran zu erinnern, dass das römische Recht – unter gewissen Besonderheiten – sogar lebende Menschen als Sache (*res*) ansehen konnte.

---

[34] Vgl. RGSt 39, 155, 157; 42, 145, 147; LK-Dippel, StGB, 12. Aufl. 2008, § 168 Rn. 55; Schönke/Schröder-Lenckner/Bosch, StGB, 28. Aufl. 2010, § 168 Rn. 10; s.a. Kretschmer, Der Grab- und Leichenfrevel als strafwürdige Missetat, 2002, S. 360 f.

[35] So aber BGHSt 50, 80, 88 ff.

[36] Explizit zum Leichenversuch auch LK-Dippel, StGB, 12. Aufl. 2008, § 168 Rn. 55; Pluisch/Heifer, NJW 1994, S. 2377, 2379.

[37] Näher Staudinger-Jickeli/Stieper, BGB, 2011, § 90 Rn. 39 sowie eingehend Kretschmer, Der Grab- und Leichenfrevel als strafwürdige Missetat, 2002, S. 364 ff. m. N. auch zur Gegenauffassung.

Strafbar ist die Beschädigung einer Sache jedoch nur, wenn sie für den Täter fremd ist.[38] Die Klassifizierung des Leichnams als Sache ist zwar mittlerweile weithin gesichert, doch wird seine Fremdheit meistens verneint, weil der menschliche Leichnam nicht des Eigentums fähig sei. Gleichwohl gedenkt die bislang herrschende Ansicht eine Ausnahme zu machen, wenn es um Anatomieleichen oder museale Exponate geht, die im Eigentum des jeweiligen Institutes stünden.[39] Geflissentlich übersehen wird dabei die soziale und rassische Diskriminierung, die sich in dieser unkritischen Annahme ausdrückt, die von den juristischen Kommentatoren von Auflage zu Auflage ab- und fortgeschrieben wird. Insofern bleibt außer Acht, welche Leichen früher der Anatomie zugeführt wurden. Es waren die Körper der Exekutierten, der im Gefängnis verstorbenen Häftlinge, der Obdachlosen und der Prostituierten, kurz: der sozial Deprivierten.[40] Dass an ihnen beispielsweise Schussversuche (und konsequent weitergedacht: Leichenversuche aller Art) statthaft seien, begründete der spätere Senatspräsident und Professor *Klee* vor gut 100 Jahren damit,[41] dass diese Menschen dann wenigstens nach ihrem Tode etwas Nützliches für die Gesellschaft täten!? Nichts anderes gilt für die *Human Remains*, die teils bis heute in den Museen schaugestellt werden (oder in irgendwelchen Kellern verpackt worden sind). Im Kaiserreich hieß es zu diesen Relikten, dass Mumien zwar eigentumsfähig seien, nicht jedoch jene der deutschen Könige und Kaiser – *sic*! Dieser monarchische Vorbehalt ging dann in republikanischen Zeiten verloren.

Insgesamt ist es unangemessen, das auf beliebige Nutzung ausgerichtete Vollrecht des Eigentums (dazu § 903 BGB) auf den Leichnam zu beziehen.[42] Selbst bei Anatomie- und Museumsleichen ist die Herrschaftsbeziehung aufgrund der arg reduzierten Verwendungsbefugnisse viel zu eng, um sie als *Eigen*tum zu qualifizieren.[43] Stattdessen geht es richtigerweise um eine Treuhandbeziehung (englisch treffend: Trust), durch die seitens der Allgemeinheit sicherzustellen ist, dass der Leichnam die ihm jeweils gebührende Behandlung erfährt.[44] Diese liegt üblicherweise in

[38] Zum Folgenden ausführlich Kretschmer, Der Grab- und Leichenfrevel als strafwürdige Missetat, 2002, S. 368 ff. m.w.N.

[39] Vgl. etwa Fischer, StGB, 59. Aufl. 2012, § 242 Rn. 8; MK-Stresemann, BGB, 6. Aufl. 2012, § 90 Rn. 31; Staudinger-Jickeli/Stieper, BGB, 2011, § 90 Rn. 53.

[40] Näher Groß/Schweikardt/Schäfer, in: Tag/Groß (Hg.), Der Umgang mit der Leiche, 2010, S. 331, 340 ff.; Kretschmer, Der Grab- und Leichenfrevel als strafwürdige Missetat, 2002, S. 518 ff., 522.

[41] Klee, DJZ 1910, S. 1404.

[42] Dazu Kretschmer, Der Grab- und Leichenfrevel als strafwürdige Missetat, 2002, S. 369 ff. m.w.N.

[43] Vgl. insofern Kretschmer, Der Grab- und Leichenfrevel als strafwürdige Missetat, 2002, S. 372 ff.

[44] Näher Kretschmer, Der Grab- und Leichenfrevel als strafwürdige Missetat, 2002, S. 375 ff. In der Schweiz hat der Anspruch auf ein „schickliches" Begräbnis sogar Verfassungsrang: Nach Art. 53 Abs. 2 der alten Bundesverfassung von 1874 haben die Behörden dafür zu sorgen, „dass jeder Verstorbene schicklich beerdigt werden kann". In der neuen Bundesverfassung von 1999 steht das zwar nicht mehr ausdrücklich, doch wird dies in die Menschenwürdegarantie (Art. 7 BV) hineingelesen (Botschaft vom 20.11.1996 [BBl. 1997 I 141]; BGE 129 I 302, 311).

der Bestattung, wobei die Treuhand gewöhnlich den nächsten Angehörigen zufällt, weil diese den Toten normalerweise am besten kannten – wir sprechen dann vom Toten(für)sorgerecht.[45] Im Falle abweichender Widmung kann die dem toten Körper zugedachte Bestimmung freilich auch in einer „Kreuzfahrtreise" liegen, die ihn in die anatomische oder sonstige Forschung und Lehre führt. Dort fällt die – durchaus eigennützige – Treuhand dem betreffenden Institut zu. Ist sie erst einmal begründet, besteht eine besondere Beziehung zum anvertrauten Körper des Toten, die es dem Treuhänder erlaubt, Dritte abzuwehren und auszuschließen. Diese Treuhand- oder Totensorgebefugnis bedingt, den Leichnam für Dritte als fremd anzusehen, ohne dafür einen Rekurs auf das Eigentum zu benötigen.[46]

Wiewohl eine Leiche damit taugliches Tatobjekt einer Sachbeschädigung sein kann, darf nicht vorschnell auf eine etwaige Strafbarkeit geschlossen werden. Zerstört oder beschädigt wird eine fremde Sache nämlich nur, wenn ihre bestimmungsgemäße Beschaffenheit aufgehoben oder zumindest verringert wird.[47] Die finale Destination des menschlichen Leichnams ist indessen zu allermeist, der Bestattung zugeführt zu werden und zu vergehen, sei es in Sarg oder Urne. Wird davor mit dem toten Körper experimentiert, wird der ihm zugedachte Zerfall keineswegs verhindert, sondern lediglich modifiziert.[48] Anders ist erst zu entscheiden, wenn der Leichnam eine andere Zweckbestimmung erhalten hat, die – wie in der Anatomie, im Museum oder der Körperwelten-Ausstellung – auf vorübergehende oder sogar dauerhafte Erhaltung ausgerichtet ist.[49] In diesen Fällen kann der Leichnam tatsächlich in strafbarer Weise beschädigt oder zerstört werden (was sich letztlich mit der herrschenden Ansicht deckt, die das Institutseigentum bejaht). Die Situation des Leichenversuchs betrifft das freilich nur ganz ausnahmsweise.

c) Kurz hinzuweisen ist noch auf die Vorschriften des Verwahrungsbruchs (§ 133 Abs. 1 StGB) und des Verstrickungsbruchs (§ 136 Abs. 1 StGB), die unter bestimmten Gegebenheiten heranzuziehen sind. Das erstreckt sich etwa auf Verstorbene, deren leblose Körper von der Staatsanwaltschaft beschlagnahmt und in dienstliche Verwahrung genommen worden sind (möglichst in Räumlichkeiten der Rechtsmedizin), weil der Verdacht einer unnatürlichen Todesursache besteht. Dann ist es strafbar, diese „bewegliche Sache" zu zerstören, zu beschädigen, unbrauchbar zu

[45] Dazu MK-Küpper, BGB, 5. Aufl. 2010, § 1968 Rn. 7. Ähnlich handhaben wir das Betreuungsrecht: Dort sind zuvörderst geeignete Angehörige zum Betreuer zu berufen (§ 1897 Abs. 5 BGB). Ihre Rechtsmacht schöpfen sie anschließend aber nicht aus ihrer Angehörigenstellung, sondern aus der gesetzlichen Berufung in das private Amt, durch dessen Ausübung sie eine Schutzaufgabe der Allgemeinheit wahrnehmen.

[46] Kretschmer, Der Grab- und Leichenfrevel als strafwürdige Missetat, 2002, S. 377; s.a. Otto, Jura 1989, S. 137, 139. Ob etwas „fremd" oder „eigen" ist, bezieht sich zwar adjektivisch auf ein Recht, ohne aber zu sagen, was das für ein solches ist: So gibt es bspw. auch fremdes Jagd- oder Fischereirecht (§§ 292 f. StGB), bei dem Eigentum gerade nicht besteht.

[47] Schönke/Schröder-Stree/Hecker, StGB, 28. Aufl. 2010, § 303 Rn. 8 ff.; vgl. hierzu und zum Folgenden auch Kretschmer, Der Grab- und Leichenfrevel als strafwürdige Missetat, 2002, S. 377 ff.

[48] Kretschmer, Der Grab- und Leichenfrevel als strafwürdige Missetat, 2002, S. 378; *ders.*, NZV 2004, S. 496, 497.

[49] Kretschmer, Der Grab- und Leichenfrevel als strafwürdige Missetat, 2002, S. 378 f.

machen oder sonst der Verstrickung oder dienstlichen Verfügung zu entziehen.[50] Das ist funktional zu verstehen, so dass Leichenversuche verboten sind, die den Beschlagnahme- bzw. Verwahrungsgrund unterlaufen.[51] Sobald die Leiche von der Staatsanwaltschaft – je nach abgesprochenem Procedere – freigegeben worden ist, entfällt bereits die Verstrickung. Zwar besteht eine Verwahrung des Leichnams (fort), solange eine Behörde sie ausübt (etwa zur Durchführung einer Beisetzung), doch falls die Bestattung ohne weiteres möglich bleibt, liegt keine relevante Tathandlung vor.[52]

d) Als Zwischenergebnis ist demnach festzuhalten, dass Versuche an Leichen nur ganz ausnahmsweise vom geltenden Strafrecht erfasst werden. Vor allem die modernen Erscheinungsformen, mit denen wir uns befasst haben, sind in der Regel unter keinen Straftatbestand zu subsumieren, selbst wenn das Experiment ohne oder gegen den erklärten oder gemutmaßten Willen des Toten und/oder seiner Angehörigen erfolgt. Wie es mit der Beachtlichkeit derer Wünsche steht, ist nachfolgend zu bedenken.

2. Zivilrechtlicher Totenschutz – postmortales Persönlichkeitsrecht?

Dass ein Verhalten straflos ist, garantiert natürlich nicht dessen Unbedenklichkeit. In zivilrechtlicher Hinsicht ist vor allem an eine deliktische Haftung aus § 823 Abs. 1 BGB zu denken, was die Verletzung eines der dort genannten absoluten Rechte voraussetzt. Zu diesen Gütern zählt zwar auch der menschliche Körper, doch meint das nur den lebenden Leib und erfasst nicht den Leichnam. Desgleichen scheidet aus den bereits genannten Gründen eine Eigentumsverletzung aus. Was bleibt, ist die Verletzung von sonstigen Rechten eines anderen, von denen dem grundrechtlich verbürgten Persönlichkeitsrecht (Art. 2 Abs. 1 i. V. m. 1 Abs. 1 GG) eine überragende Bedeutung zukommt. Auf die gewesene Persönlichkeit ist dieses Recht jedoch nicht mehr passend, weshalb es in Rechtsprechung und Schrifttum allzu gern und oft durch das sog. postmortale Persönlichkeitsrecht substituiert wird.[53] Als Alliteration ist dieser Begriff ungeheuer prägnant, wiewohl er kaum Konturen und noch weniger Substanz besitzt. Zum Tragen kommt dieses angebliche Recht

[50] S.a. LK-Krauß, StGB, 12. Aufl. 2008, § 136 Rn. 5.

[51] LK-Krauß, StGB, 12. Aufl. 2008, § 133 Rn. 25 und § 136 Rn. 28.

[52] Ähnlich Pluisch/Heifer, NJW 1994, S. 2377, 2378; anders gelagert ist der Zahngoldfall des OLG Nürnberg (NJW 2010, S. 2071 ff.), weil das Zahngold im Krematorium der Verwahrung entzogen wurde (nicht erwogen vom OLG Bamberg, NJW 2008, S. 1543).

[53] Wegweisend BGHZ 50, 133 ff. = NJW 1968, S. 1773 ff. („Mephisto"); seitdem ständige Rechtsprechung der (deutschen) Zivilgerichte unter Beifall des überwiegenden, meist unreflektierten Schrifttums. Zum Ganzen ausführlich Kretschmer, Der Grab- und Leichenfrevel als strafwürdige Missetat, 2002, S. 231 ff. sowie MK-Rixecker, BGB, 6. Aufl. 2012, Anhang zu § 12, Rn. 32 ff., jeweils m.w.N.

vor allem dann, wenn die Bekanntheit des Toten für gewerbliche Zwecke ausgenutzt oder sein Nachruf geschmäht wird („Mephisto“).[54] Dann können die Angehörigen respektive Erben immerhin Unterlassung verlangen sowie gegebenenfalls auf Beseitigung oder Widerruf klagen[55] – und seit der „Marlene“-Entscheidung sprechen ihnen die Zivilgerichte mitunter sogar Geld zu.[56] In Straf- und Haftsachen kann es vergleichbar um das postmortale Rehabilitationsinteresse des Toten gehen, durch das der angekratzte Ruf des Toten wiederhergestellt werden soll.[57] Das passt in einen Zeitgeist, in dem sich Städte ihrer einst verbrannten Hexen erinnern, die sie nun rehabilitieren.

Mit den irdischen Erkenntnismöglichkeiten, mit denen sich ein säkulares Recht bescheiden muss, scheint mir freilich einigermaßen ausgeschlossen zu sein, irgendwelche Interessen eines Toten festzustellen. Desgleichen ist es sogar inkonsequent anzunehmen, dass der Tote noch der Inhaber von Rechten sei, wo doch die Erben seine Gesamtrechtsnachfolge (§ 1922 BGB) angetreten haben. Die Zeiten, als mit oder gegen den toten Mann geklagt werden konnte,[58] sollten allemal vorbei sein und dürfen getrost der germanischen Rechtsgeschichte überlassen werden. Ohnehin dürften unsere Altvorderen schon vor einem Millennium nicht ganz so naiv gewesen sein, wie ihnen das manch unkritische Geschichtsschreibung zuweilen unterstellt.[59] Mit Recht hat das Bundesverfassungsgericht deshalb dem postmortalen Persönlichkeitsrecht eine Absage erteilt:[60] Wo kein (Grund-) Rechtsträger, da kein subjektives Recht![61]

Dass die Rechtsfähigkeit mit dem Tod endet, war für die Schöpfer des BGB noch so selbstverständlich, dass sie auf eine Bestimmung verzichteten und sich auf den Lebensanfang fokussierten (§ 1 BGB). Hätten sie geahnt, wohin sich spätere

[54] BGHZ 50, 133 ff. (nebst BVerfGE 30, 173 ff.); dazu Kretschmer, Der Grab- und Leichenfrevel als strafwürdige Missetat, 2002, S. 237 ff.

[55] Ausführlich dazu BGHZ 165, 203 ff. m.w.N.; s.a. MK-Rixecker, BGB, 6. Aufl. 2012, Anhang zu § 12, Rn. 41.

[56] BGHZ 143, 214 ff. (= NJW 2000, S. 2195 ff. nebst S. 2201 f.); bestätigend BVerfG, NJW 2006, S. 3409 ff. Eine Geldentschädigung gibt es aber nur, wenn es um eine vermögenswerte Ausnutzung geht (instruktiv BGHZ 165, 203 ff.; MK-Rixecker, BGB, 6. Aufl. 2012, Anhang zu § 12, Rn. 42 ff.). Zum postmortalen Merchandising monografisch Claus, Postmortaler Persönlichkeitsschutz im Zeichen allgemeiner Kommerzialisierung, 2004; s.a. Kretschmer, Der Grab- und Leichenfrevel als strafwürdige Missetat, 2002, S. 239 ff.

[57] So neuerlich BGH, Beschluss vom 06.10.2011, V ZB 314/10, Rz. 9 ff. (in einer Abschiebungshaftsache).

[58] Dazu Schild, in: Stefenelli (Hg.), Körper ohne Leben, 1998, S. 852 ff., s.a. Kretschmer, Der Grab- und Leichenfrevel als strafwürdige Missetat, 2002, S. 155 f., 217 m.w.N. (immerhin noch im Sachsenspiegel und anderen Rechtsbüchern dieser Zeit).

[59] In einer weithin schriftlosen Zeit, die noch ohne dicke Prozessakten auskam, ging es maßgeblich darum, die Klage sinnlich wahrnehmbar zu machen.

[60] BVerfGE 30, 173, 194 („Mephisto“); BVerfG, NJW 2001, S. 594 f. (Willy-Brandt-Münzen); vgl. allerdings BVerfG, NJW 2001, S. 2957, 2958 f., wo vom postmortalen Persönlichkeitsrecht gesprochen, aber gleichwohl die Grundrechtssubjektivität verneint wird.

[61] Vgl. dazu auch Kretschmer, Der Grab- und Leichenfrevel als strafwürdige Missetat, 2002, S. 242 f., 247 ff.

Juristengenerationen versteigen, hätten sie es aber wohl mit den Schweizern gehalten. Diese haben explizit klargestellt, dass die Persönlichkeit – und mit ihr die Rechtsfähigkeit – mit dem Tode endet (Art. 31 Abs. 1 ZGB). Zwar gibt es im schweizerischen Schrifttum durchaus Versuche, das postmortale Persönlichkeitsrecht aus Deutschland zu importieren.[62] Dem hat sich freilich das Schweizerische Bundesgericht mit Nachdruck versagt, wobei es sich auf die scheinbare Selbstverständlichkeit des Art. 31 Abs. 1 ZGB stützen konnte.[63] Ebenso lakonisch wie zutreffend bemerkt es unter Verweis auf die deutschen Autoren, dass die positiv-rechtliche Begründung für einen solchen postmortalen Persönlichkeitsschutz schon angesichts der Vielzahl von Lösungsansätzen fehle, von denen es nahezu gleichviel Vorschläge wie Autoren gebe.[64] Bloße Behauptung vermag nun einmal keine Rechts- bzw. Teilrechtsfähigkeit des Toten zu begründen, an die sich ein postmortales Persönlichkeitsrecht anschließen könnte. Ebenso zu verwerfen ist aber auch die Spekulation, dass es subjektslose Rechte gäbe, die irgendwo herumschwirren.[65] Solche Behelfskonstruktionen sind allenfalls zu fingieren, um Schwebezustände in der Vermögensträgerschaft zu überbrücken und Schäden von Lebenden abzuwenden.[66]

Gleichwohl ist es der lebendigen Rechtsgemeinschaft überlassen, Rechte von Toten und womöglich sogar deren juristisches Fortleben zu fingieren, wenn das nur für sinnvoll eingeschätzt und gewollt wird.[67] Ähnlich halten wir es bekanntlich mit juristischen Personen, denen wir Rechte und Rechtsfähigkeit zuschreiben, obwohl es nur fiktive Gebilde sind, hinter denen lebende Menschen stehen. In rechtsgeschichtlicher Betrachtung liegen die Wurzeln des postmortalen Persönlichkeitsrechts ebenfalls in einer Fiktion, durch die das römische Recht sicherstellen wollte, dass der Nachlass bis zum Erbantritt nicht herrenlos und beliebigem Zugriff überlassen ist.[68] Wenn ich es recht überblicke, war es der Rechtshistoriker *Hans Schreuer*, ehedem Ordinarius in Münster und Bonn, der 1919 erstmals das postmortale Persönlichkeitsrecht auf jene Fallgestaltungen übertrug, für die wir es heute diskutieren.[69] Mit dieser Lehnsgabe des römischen Rechts säkularisierte er den theologischen Begriff der Seele, welche – wie er beklagte – im verweltlichten Recht

---

[62] Vgl. etwa Ott/Grieder, AJP 2001, S. 627 ff.; Tag, in: dies./Groß (Hg.), Der Umgang mit der Leiche, 2010, S. 25, 47 ff.

[63] So ebenso instruktiv wie ausführlich BGE 129 I 302, 306 ff. (mit Nachweisen auch zum herrschenden schweizerischen Schrifttum).

[64] BGE 129 I, 302, 311 f.

[65] Ebenso BGE 129 I 302, 311 (unklar, wie man sich ein Recht ohne Träger vorstellen solle); ähnlich MK-Rixecker, BGB, 6. Aufl. 2012, Anhang zu § 12, Rn. 35 (schwer vorstellbar).

[66] Insofern richtig MK-Schmitt, BGB, 6. Aufl. 2012, § 1 Rn. 53.

[67] Zu derlei Überlegungen vgl. Kretschmer, Der Grab- und Leichenfrevel als strafwürdige Missetat, 2002, insbes. S. 247 f. m.w.N.

[68] Dazu bspw. Paulus, Die Idee der postmortalen Persönlichkeit im römischen Testamentsrecht, 1992; s.a. Kretschmer, Der Grab- und Leichenfrevel als strafwürdige Missetat, 2002, S. 250 f. Hier darf dann durchaus von einem subjektlosen Recht gesprochen werden.

[69] Schreuer, FS Bergbohm, 1919, S. 242 ff.

nicht mehr zähle.[70] Das postmortale Persönlichkeitsrecht entlarvt sich damit als juristischer Taschenspielertrick, der Diesseitigkeit vorgaukelt – und hatte in dieser Verschleierung augenscheinlich einigen Erfolg.

Damit soll nicht gesagt sein, dass wir die Toten im weltlichen Recht schutzlos stellen müssten. Sicherlich könnten wir ihnen Rechte zuschreiben, wie das auch für Tiere, Natur und Umwelt diskutiert wird. Abgesehen davon, dass es solcher Unterstellungen nicht bedarf, um sachgerecht zu schützen, sollten freihändige Fiktionen dem Gesetzgeber überlassen bleiben, der sich dazu bislang eben nur bei juristischen Personen befleißigt hat.[71] Ohne rechtsphilosophisch abgleiten zu wollen, regelt das Recht nun einmal das Zusammen-*leben* der Menschen. Wenn es die Toten in Blick nimmt, dann deshalb, weil und soweit das Sein der Überlebenden berührt ist. Dabei geht es gewiss auch um Gefühle der trauernden Angehörigen.[72] Zugleich führt uns der Tote jedoch unser aller Endlichkeit vor Augen, die wir uns nicht recht vorstellen und erfühlen können (weshalb ich andernorts von einem individuellen Unvergänglichkeitsgefühl gesprochen habe)[73]:

> Wir sind, was die Toten waren – und die Toten sind, was wir sein werden.[74]

In diesem Sinne spiegelt und repräsentiert der hilflose Leichnam unsere eigene Zukunft, die uns irgendwann genauso wehrlos stellen wird.[75] Zwar lässt sich der epikureische Satz einwenden, wonach uns der Tod nicht anrühren müsse, weil er nicht sei, solange wir sind, und sei er da, sind wir nicht mehr. Doch selbst *Epikur* hat seine eigene Weisheit nicht durchhalten können, als es ans Sterben ging, und Verfügungen für die Zeit nach seinem Ableben getroffen.[76] Der über den eigenen Tod hinausgreifende Wille ist uns eben nicht gleichgültig, weshalb wir Testamente und sonstige postmortale Bestimmungen für bedeutsam halten, weil es letztlich unsere eigenen Verfügungen sein könnten, die wir beachtet wissen wollen. Folgerichtig rührt es unsere eigenen Grundfeste an, wenn der geäußerte oder konventionell gemutmaßte Wille des Toten missachtet wird. Nur scheinbar geht es um die postmortale Menschenwürde der Toten, auf die das Bundesverfassungsgericht kursorisch

---

[70] Dazu Kretschmer, Der Grab- und Leichenfrevel als strafwürdige Missetat, 2002, S. 249 ff. m.w.N.

[71] Immerhin rekurrieren mittlerweile einige Landesgesetze auf Persönlichkeitsrechte der Verstorbenen (§§ 5 Abs. 2 u. 10 Abs. 2 des hamb. Sektionsgesetzes; § 9 Abs. 2 BbgBestG; § 44 Abs. 2 saarl. BestattG). Qua Landesrecht lassen sich solche Rechtsinstitute aber nicht in die Welt bringen.

[72] S.a. Kretschmer, Der Grab- und Leichenfrevel als strafwürdige Missetat, 2002, S. 299 ff.

[73] Kretschmer, Der Grab- und Leichenfrevel als strafwürdige Missetat, 2002, S. 278 ff., passim; sympathisierend LK-Dippel, StGB, 12. Aufl. 2008, § 167a Rn. 6.

[74] Kretschmer, Der Grab- und Leichenfrevel als strafwürdige Missetat, 2002, S. 544. Gründend auf der Geschichte von den drei Lebenden und den drei Toten, wo letztere weissagen: „Quod fuimus, estis, quod sumus, eritis."

[75] Kretschmer, Der Grab- und Leichenfrevel als strafwürdige Missetat, 2002, insbes. S. 302 ff.; ähnlich Preuß, Rechtsmedizin 2011, S. 287, 288; Schmidt am Busch, Der Staat 2010, S. 211, 230 f.

[76] Dazu Kretschmer, Der Grab- und Leichenfrevel als strafwürdige Missetat, 2002, S. 280 f.

abgestellt hat[77] (wobei mit einigen Bestattungsgesetzen besser von Totenwürde gesprochen werden sollte).[78] Richtigerweise geht es jedoch um die Menschenwürde der noch Lebenden, die zu achten wir uns gegen- und wechselseitig schuldig sind: Denn wohl niemand möchte in seinem gegenwärtigen Vertrauen darin enttäuscht werden, dass er später gerade nicht zum beliebig-dinghaften Spielball verkommt.

Anstatt sich auf vermeintliche Persönlichkeitsrechte der Verstorbenen zu kaprizieren, sollte sich die Juristerei lieber mit den Lebenden und deren Rechten bescheiden. Insofern kann sich eine deliktische Haftung ohne weiteres auf das Totensorgerecht stützen, das gewöhnlich den Angehörigen zusteht und zu den sonstigen Rechten des § 823 Abs. 1 BGB zählt.[79] In ergebnisorientierter Betrachtung ist es freilich belanglos, ob nun das (eigene) Totensorgerecht der Angehörigen verletzt wird oder (zusätzlich?) das fiktive Persönlichkeitsrecht des Toten, welches seine Angehörigen für ihn wahrnehmen. Angriffe auf dieses Recht (bzw. diese Rechte) haben zwanglos zur Folge, dass die Unterlassung des normwidrigen Verhaltens verlangt und gegebenenfalls eingeklagt werden kann.[80] Geld- bzw. vermögenswerte Interessen schmälert der Leichenversuch allerdings nicht, zumal die Bestattung durchaus möglich bleibt. Für eine immaterielle Vergeltung – etwa in Gestalt eines Schmerzensgeldes – fehlt es an einer gesetzlichen Grundlage (vgl. §§ 253, 847 BGB), zudem käme sie als Strafschadensersatz daher, der unserem Rechtssystem fremd ist (im Unterschied zu den *Punitive Damages* des angloamerikanischen Rechts). Festzuhalten ist demnach, dass das Zivilrecht durchaus eine gewisse Handhabe gibt, eigenmächtige Leichenversuche zu unterbinden. Eine echte prohibitive Wirkung vermag es indessen nicht zu entfalten, weil es erstens zu spät kommt und dem Täter zweitens nicht mit spürbaren Folgen belasten kann.

Angemerkt sei an dieser Stelle noch, dass dem von *Pluisch* und *Heifer* vor fast zwei Jahrzehnten unterbreiteten Vorschlag nicht gefolgt werden kann, durch den sie eigenmächtigen Leichenversuchen in beschränktem Umfang den zivil- und wohl auch verfassungsrechtlichen Makel nehmen wollen.[81] Zwar erkennen sie grundsätzlich eine Rechtsverletzung an. Sie meinen allerdings allen Ernstes, dass in Fällen, in denen der Leichnam auf rechtlicher Grundlage seziert worden sei, durchaus ein Leichenversuch folgen dürfe, ohne Rechte des Toten oder der Angehörigen zu

---

[77] BVerfGE 30, 173, 194 („Mephisto"); BVerfG, NJW 1994, S. 783 u. S. 784; 2001, S. 594 f. (Willy-Brandt-Münzen); zustimmend MK-Rixecker, BGB, 6. Aufl. 2012, Anhang zu § 12, Rn. 38; kritisch Gröschner, Menschenwürde und Sepulkralkultur in der grundgesetzlichen Ordnung, 1995, S. 18; Kretschmer, Der Grab- und Leichenfrevel als strafwürdige Missetat, 2002, S. 238 f., 243 ff.

[78] § 7 Abs. 1 BestG NW, § 1 Abs. 1 ThürBestG.

[79] OLG Frankfurt, NJW-RR 1989, S. 1159; Kretschmer, NZV 2004, S. 496, 497; LK-Dippel, StGB, 12. Aufl. 2008, § 168 Rn. 49 ff.; MK-Küpper, BGB, 5. Aufl. 2010, § 1968 Rn. 7; monografisch Schenk, Die Totenfürsorge – ein Persönlichkeitsrecht, 2007.

[80] Vgl. hierzu und zum Folgenden auch OLG Karlsruhe, NJW 2001, S. 2808; Kretschmer, NZV 2004, S. 496, 497 f.

[81] Pluisch/Heifer, NJW 1994, S. 2377, 2380 f.; recht unkritisch folgend Deutsch/Spickhoff, Medizinrecht, 6. Aufl. 2008, Rn. 968 sowie kollegial geneigt Remmele (Hg.), Pathologie, Bd. 1: Rechtsfragen in der Pathologie u.a., 2. Aufl. 1999, S. 15.

verletzen.[82] Dann gehe nämlich das Allgemeininteresse vor, also getreu dem Motto: Weil die Leiche durch die Sektion ohnehin in Mitleidenschaft gezogen worden sei, komme es auf den anschließenden Leichenversuch auch nicht mehr an. Damit erheben sie das Broken-Window-Theorem gewissermaßen zum Rechtsprinzip. Sind bereits mehrere Fensterscheiben eingeworfen, fällt es nicht nur leichter, ein weiteres Fenster einzuwerfen, sondern soll das sogar rechtens sein. Was das wohl für Körperverletzungen heißen mag, nachdem das Opfer durch einen ersten Täter übel zugerichtet wurde? Abgesehen davon übersehen die Autoren, dass das „postmortale Persönlichkeitsrecht" gerade keiner Abwägung wie das allgemeine Persönlichkeitsrecht unterliegt.[83] Ihr arg ergebnisorientierter Ansatz hat sich demzufolge die letzte Ruhe in der juristischen Mottenkiste wohlverdient.

3. Landesrecht und Leichenwesen

Während das Straf- und das Zivilrecht der konkurrierenden Gesetzgebung zugehören (Art. 74 Abs. 1 Nr. 1 GG), von welcher der Bund faktisch abschließenden Gebrauch gemacht hat, fällt das Leichen-, Friedhofs- und Bestattungswesen wie das allgemeine Ordnungsrecht in die ausschließliche Legislativkompetenz der Länder.[84] Die Folge ist ein Flickenteppich heterogener Gesetze, weil sich die Länder nicht auf einen kooperativen Föderalismus verständigen konnten oder wollten. Komplizierend kommt hinzu, dass die Länder ihr Leichen- und Bestattungsrecht keineswegs immer bündeln, sondern es gern einmal auf mehrere Gesetze verstreuen (z. B. besitzen Berlin und Hamburg spezielle Sektionsgesetze).

Angesichts der Bedeutung von Leichenversuchen für die Wissenschaft und Patientenversorgung sollten hier dezidierte Regelungen zu erwarten sein, zumal sich die Landesgesetze sonst in vielfacher Detailverliebtheit gefallen. Die Durchsicht zeitigt indessen ein ernüchterndes Ergebnis: Zwar befassen sich vor allem neuere Ländergesetze immerhin mit klinischen und anatomischen Sektionen.[85] Gelegentlich heißt es auch noch, dass mit ihnen wissenschaftliche Erkenntnisinteressen verbunden werden dürfen.[86] Jedoch ist der Leichenversuch mit seinen vielfältigen Erscheinungsformen ersichtlich etwas anderes als eine Sektion und daher keinem

---

[82] Pluisch/Heifer, NJW 1994, S. 2377, 2379 ff.

[83] BVerfG, NJW 2001, S. 2957, 2959.

[84] Ausnahmen im Sinne konkurrierender Gesetzgebung gelten für „Kriegsgräber und Gräber anderer Opfer des Krieges und Opfer von Gewaltherrschaft" (Art. 74 Abs. 1 Nr. 10 GG) und für „Regelungen zur Transplantation von Organen, Geweben und Zellen" (Art. 74 Abs. 1 Nr. 26 GG) – letzteres hat die Grundlage für das Transplantationsgesetz (TPG) geschaffen.

[85] Auf die Sektionsgesetze von Berlin und Hamburg wurde hingewiesen. Recht ausführlich sind auch die §§ 43 ff., 48 ff. des saarländischen Bestattungsgesetzes sowie die §§ 8 ff., 13 f. des thüringischen Bestattungsgesetzes.

[86] § 10 Abs. 2 Nr. 2 BbgBestG („wissenschaftliches Interesse in Forschung, Lehre und Epidemiologie"); § 17 Abs. 5 Brem. LeichenG („Sektionen zu wissenschaftlichen Zwecken"); § 10 Abs. 1 BestG NW („... zu einem sonstigen wissenschaftlichen Zweck obduziert werden"); § 9 Abs. 1

Erst-recht-Schluss zugänglich. Explizit zugelassen werden Experimente mit Leichen nur in wenigen Landesgesetzen, genauer: in Hamburg und Mecklenburg-Vorpommern. Fixiert ist dann eine enge Zustimmungslösung, wonach Leichen „für anatomische Sektionen oder für sonstige Zwecke der Forschung und Lehre nur dann verwendet werden [dürfen], wenn die schriftliche Einwilligung des Verstorbenen vorliegt" (§ 5 Abs. 3 BestattG M-V; ähnlich § 10 Abs. 3 BestattG HH). Ansonsten berücksichtigen die Landesgesetze den Leichenversuch bestenfalls implizit.[87] Das bezieht die jeweiligen Generalklauseln ein, die auf die Ehrfurcht vor dem Tod, die Ehrfurcht vor dem Toten, die Totenwürde und/oder das sittliche, religiöse Empfinden der Allgemeinheit abstellen.[88] Niederschwellig gesellt sich eine Erlasspraxis der Universitäten und Kommunen hinzu, die – soweit sie greifbar ist – mittlerweile davor mahnt, sich an den Leichen der Obdachlosen zu vergreifen, wie dies früher offenbar Routine war.

Doch selbst soweit sich die Landesgesetze ausnahmsweise mal mit wissenschaftlicher Forschung der in Rede stehenden Art befassen und dafür eine Zustimmung vorschreiben, hat das kaum mehr als eine appellative Ordnungsfunktion. Denn es fehlt – durchaus abweichend zu eigenmächtigen Sektionen – durchweg eine flankierende Sanktionsnorm, die verbotswidrige Experimente mit Geldbußen belegen könnte.[89] Das ist überraschend, weil der Gesetzgeber sonst sehr gerne dazu greift, seine Verhaltenserwartungen mithilfe von Ordnungswidrigkeiten oder gar Straftatbeständen abzusichern. Scheitern muss auch der Behelfsweg über die vagen Generalklauseln, zumal diese in aller Regel ebenfalls nicht bußgeldbewehrt sind, was allerdings wegen des verfassungsrechtlichen Gesetzlichkeits- bzw. Bestimmtheitsgebots richtig ist.[90] Das bayerische Bestattungsrecht belegt es zwar noch mit Bußgeldern, falls Auffälligkeiten bei einer Leichenverwendung zu wissenschaftlichen

---

BestattG LSA (Nr. 2: „gewichtiges medizinisches Interesse"; Nr. 3: zu Lebzeiten schriftliche Zustimmung zur Überlassung des Körpers zu Forschungs- oder Demonstrationszwecken).

[87] Nach § 42 Abs. 1 BestattG BW dürfen Leichen in einem anatomischen Institut erst dann wissenschaftlichen Zwecken zugeführt werden, wenn die für die Erdbestattung nötigen Bestattungsunterlagen vorliegen (in den weiteren Absätzen geht es um die Befreiung vom Konservierungsverbot, den Seuchenschutz und die spätere Bestattungspflicht des Instituts). Präziser dürfen Fehlgeburten und Ungeborene bei vorheriger Zustimmung beider Elternteile wissenschaftlichen Zwecken zugeführt werden (§ 30 Abs. 3 BestattG BW). Nach § 19 Abs. 1 SächsBestG gelten die Bestattungsfristen nicht für Leichen, die zu medizinischen oder wissenschaftlichen Zwecken in ein Krankenhaus oder eine wissenschaftliche Einrichtung gebracht werden (bedingt mag auch auf § 18 Abs. 8 SächsBestG hingewiesen sein, wonach Körperspender für die Anatomie vor der anatomischen Verwendung einer zweiten Leichenschau zuzuführen sind).

[88] Illustrativ § 1 Abs. 1 ThürBestG: „Ziele des Gesetzes sind insbesondere die Wahrung der Ehrfurcht vor den Toten, die Achtung der Totenwürde sowie der Schutz der Totenruhe und der Totenehrung."

[89] Eine Ausnahme gilt etwa in Baden-Württemberg für die Verwendung von Fehlgeburten und Ungeborenen ohne elterliche Zustimmung (§§ 49 Abs. 1 Nr. 14, 30 Abs. 3 BestattG BW).

[90] In Baden-Württemberg ist es bußgeldpflichtig, unwürdig mit Leichen umzugehen (§ 49 Abs. 1 Nr. 9 i.V.m. § 25 BestattG BW). In Berlin ist es ordnungswidrig, in grober Weise gegen das Gebot zu verstoßen, beim Umgang mit Leichen die gebotene Ehrfurcht vor dem toten Menschen zu wahren (§ 24 Abs. 1 Nr. 4 i.V.m. § 2 BerlBestattG).

Zwecken nicht nachgegangen wird (näher Art. 18 Abs. 1 Nrn. 3–5 BayBestG). Das dient jedoch nicht dem eigentlichen Totenschutz, sondern soll – gewissermaßen als „kleines Strafvereitelungsdelikt" – den Interessen der (Straf-) Rechtspflege dienen, damit begangene Verbrechen aufgedeckt und aufgeklärt werden.

4. Internationales Recht und Soft Law

Als Zwischenbefund ist nach allem eine erstaunliche Regelungsarmut zu konstatieren, was den experimentellen Umgang mit Leichen angeht. Nichts anderes gilt für internationale Regelungszusammenhänge, auf die rasch hingewiesen sein darf. So hat sich die Europäische Union zwar schon mit dem Transplantationswesen befasst und beispielsweise rahmenrechtliche Vorgaben für den Umgang mit menschlichem Gewebe und zur Transplantation geschaffen.[91] Das Sujet des Leichenversuchs ist bislang jedoch nicht zum Gegenstand solcher Beratungen geworden, wiewohl das kompetenzrechtlich möglich wäre.

Eine schwächere Bindungskraft als etwaiges Unionsrecht besitzen internationale Konventionen, mögen sie nun auf der Ebene des Europarats, der Vereinten Nationen oder in anderen Zusammenhängen geschlossen sein. Doch können sie immerhin Normierungspflichten schaffen und qua vertragskonformer Auslegung in staatliches Recht einstrahlen. Insofern bietet sich ein Blick auf und in die vieldiskutierte Biomedizinkonvention des Europarats vom 4.4.1997 samt ihrer Protokolle an. Selbige beschäftigt sich in der Durchschau aber nur mit Versuchen an lebenden Menschen und nicht an Leichen, wobei insbesondere Experimente mit Kindern und Einwilligungsunfähigen zu beargwöhnen sind, wie wir sie in unserem Arzneimittelgesetz nur bedingt zulassen. Zudem vermag dieses Übereinkommen das deutsche Recht schon deshalb nicht zu binden, weil es von hiesiger Seite nicht angenommen worden ist. Des Sachbezugs wegen sei außerdem noch auf die weltärztliche Deklaration von Helsinki hingewiesen. Diese befasst sich zwar auch mit medizinischer Forschung, schweigt sich aber zum Leichenversuch aus, der sich – wie gesehen – von schlichter Forschung an Zellen oder Gewebeschnitten unterscheidet. Abgesehen davon mag die Deklaration des Weltärztebundes zwar gewichtige Strahlkraft aufweisen, was das ärztliche Berufsrecht angeht. Staatliches Recht bleibt davon jedoch mangels Bindungswirkung unberührt.[92]

Gleichwohl wäre es voreilig, aus dem flächendeckenden Schweigen des Gesetzes auf die unbedenkliche Zulässigkeit von Leichenversuchen zu schließen. Hier ist an das anzuknüpfen, was wir bereits über das Totenfürsorgerecht sowie die

---

[91] Vgl. dazu die Geweberichtlinie, genauer: Richtlinie 2004/23/EG vom 31.3.2004 zur Festlegung von Qualitäts- und Sicherheitsstandards für die Spende, Beschaffung, Testung, Verarbeitung, Konservierung, Lagerung und Verteilung von menschlichen Geweben und Zellen (ABl. L 102, 48), sowie die Richtlinie 2010/45/EU vom 7. Juli 2010 über Qualitäts- und Sicherheitsstandards für zur Transplantation bestimmte menschliche Organe (ABl. L 207, 14).

[92] Zur rechtlichen Bedeutung vgl. neuerlich Deutsch, MedR 2011, S. 549, 551.

Menschen- oder Totenwürde gesagt haben. Aus dieser rechtlichen Gemengelage von Art. 1 Abs. 1 GG, § 823 Abs. 1 BGB und Gewohnheitsrecht folgt zwanglos, dass ein willfährig beliebiger Drittzugriff auf den Toten ausgeschlossen ist. Selbst zu Zwecken der Strafverfolgung übt sich der Staat in Zurückhaltung, indem er die Leichenöffnung auf eine gesetzliche Grundlage stellt und sie von einer richterlichen Anordnung abhängig macht (§ 87 Abs. 2–4 StPO). Im verwaltungsrechtlichen Jargon darf daher von einem Verbot mit Erlaubnisvorbehalt gesprochen werden.

Für die Bewilligung eines Leichenversuchs sind zuvörderst jene zuständig, die für den Dahingeschiedenen sorgen und ihn dazu behüten dürfen und sollen. Nach dem Gesagten und kraft gesellschaftlicher Konvention haben sich diese Fürsorge- und Obhutsgaranten am Willen des Verstorbenen zu orientieren. Die rechtliche Beachtlichkeit seines geäußerten oder gemutmaßten Willens findet sich an vielen Stellen der Rechtsordnung. An prominentester Stelle mag das Testierrecht stehen, welches das Erbrecht überstrahlt (ganz abgesehen von sonstigen Verfügungen auf den Todesfall). Anzuführen sind ebenso weitere den Willen des Verstorbenen in Blick nehmende Vorschriften, sei es hinsichtlich der Transplantation seiner Organe (§ 3 TPG), der Art und Weise seiner Bestattung,[93] dem Recht am eigenen Bild (§ 22 KUG)[94] oder selbst der Sorge um seine minderjährigen Kinder.[95] Daraus erschließt sich nicht nur eine Widerspruchs-, sondern mehr noch eine Zustimmungslösung.

Zuvörderst hängt es demnach von der noch zu Lebzeiten geäußerten und verfügten Sicht ab, ob es nach dem eigenen Tode auf eine Reise ins wissenschaftliche Institut gehen soll oder gerade nicht.[96] Wie dargelegt, haben das die Länder Hamburg und Mecklenburg-Vorpommern dahingehend konkretisiert, dass diese finale Bestimmung allein dem Verstorbenen obliegt, der sie zu Lebzeiten bewilligt haben muss (enge Zustimmungslösung).[97] Ohne Gesetze dieser Art sollte es in vorsichtiger Anlehnung an die oben genannten Regelungen möglich sein, dass auch die Totensorgeberechtigten den Körper des Verstorbenen dedizieren dürfen (erweiterte Zustimmungslösung).[98] Für ihre Entscheidung ist freilich erneut der geäußerte oder

[93] So machte das lange Zeit als Landesrecht fortgeltende Feuerbestattungsgesetz vom 15.5.1934 das Verbrennen von der ausdrücklichen Bewilligung abhängig (§§ 2 u. 4). Explizit auf den Willen des Verstorbenen über Ort, Art und Durchführung der Beisetzung stellen ab: § 1 Abs. 1 BayBestG (nebst § 8 BestVO) und § 18 Abs. 3 SächsBestattG. In diese Richtung auch § 21 Abs. 2/3 BbgBestG, § 19 Abs. 1 Brem. LeichenG (s. aber auch § 17 Abs. 2 S. 3: Behörde), § 11 BestattG HH, § 10 Abs. 1 BestattG M-V, § 12 BestG NW, § 8 Abs. 3 rh-pf. BestG, § 16 Abs. 2 BestattG LSA (sofern bekannt, nach dem Willen des Verstorbenen, ansonsten bestimmt der Bestattungspflichtige bzw. Auftraggeber die Bestattung).

[94] Zum Hintergrund vgl. Kretschmer, Der Grab- und Leichenfrevel als strafwürdige Missetat, 2002, S. 236 f. (Fall *Bismarck*); zum Urheberrecht ebd., S. 234 f.

[95] Hier besteht ein Benennungsrecht der Eltern, wer nach ihrem Tode zum Vormund der minderjährigen Kinder berufen oder umgekehrt davon ausgeschlossen ist (§§ 1776 ff. BGB).

[96] Kapitulierend Remmele (Hg.), Pathologie, Bd. 1: Rechtsfragen in der Pathologie u.a., 2. Aufl. 1999, S. 15, wonach von Versuchen ohne Zustimmung abzuraten sei.

[97] Dass es dazu einer echten Zustimmung bedarf, sollte klar sein. Ausgeschlossen sind damit Bewilligungsfiktionen qua AGB, wie dies für Sektionsklauseln in Krankenhausverträgen diskutiert wird.

[98] In diesem Sinne auch Laufs/Kern, Handbuch des Arztstrafrechts, 4. Aufl. 2010, § 130 Rn. 45; s.a. Laufs/Peris, in: Heidelberger Jahrbücher 38 (1994), S. 155 ff.

gemutmaßte Wille des Verblichenen maßgeblich, wobei ein Widerspruch vorgeht (übrigens auch bei Disput der Fürsorgeberechtigten). Im Zweifel ist gemäß den derzeitigen gesellschaftlichen Konventionen zu verfahren und demzufolge der Leichnam zu bestatten; also: *in dubio pro sepultura.*[99] Strikt abzulehnen – mehr noch: verfassungswidrig – ist hingegen die frühere Praxis, die Leichen derer zu anatomisieren, die über keine schutzbereiten Angehörigen verfügen[100]: So sind Obdachlose kein „Freiwild", das die Sesshaften einfach ausweiden dürften.[101] Und dass sich Angehörige nicht um die Bestattung kümmern, ist gewiss keine konkludente Zustimmung in die Leichenverwertung.

Die der Wissenschaft zugedachten Leichen streben gewöhnlich in die anatomischen Institute, von wo aus sie sich womöglich auf die postmortale „Kreuzfahrtreise" begeben mögen. Schon aus Gründen des Selbstschutzes ist den Instituten geraten, auf eine klare Zuweisung zu drängen, um sich keiner Anwürfe von Angehörigen auszusetzen. Dabei scheinen die Zeiten, in denen Leichen auf zweifelhaften bis dunklen Wegen in die Anatomie kamen, vorerst vorbei. Offenbar ist der Zugriff auf Strafgefangene, Obdachlose oder sonstige „Paria der Gesellschaft" (so vor einem Jahrhundert der spätere Senatspräsident und Professor *Klee*)[102] nicht mehr vonnöten und werden auch keine chinesischen Leichen mehr zugekauft. Wie es heißt, übersteigt die Zahl der potentiellen Körperspender den derzeitigen Bedarf. Dazu treffen der „Wohltäter" und das beschenkte Institut regelmäßig eine Körperspendevereinbarung, die aber schon aus faktischen Gründen nicht klagbar ist.[103] Vereinbart ist

---

[99] In diesem Sinne richtig § 18 Abs. 3 S. 3 SächsBestattG: „Für Verstorbene ohne Hinterbliebene ist die ortsübliche Bestattungsart zu wählen."; ähnlich § 21 Abs. 3 BbgBestG und Pluisch/Heifer, NJW 1994, S. 2377, 2378.

[100] Vgl. einstige Merkblätter bayerischer Institute (in: Vetter, Handbuch für das Leichen- und Begräbniswesen in Bayern, 1949, S. 106 f.), wonach die Leichen jener zur Abholung anzumelden seien, „die gestorben sind, ohne Angehörige zu hinterlassen, bzw. deren Angehörige sich um die Beerdigung nicht kümmern oder deren Verbringung in die Anatomische Anstalt zum Zwecke der Sektion keinen Widerspruch auslöst" (*sic*!); ähnlich noch der Erlass des baden-württembergischen Ministeriums für Arbeit, Gesundheit und Sozialordnung vom 16.05.1974 (GABl. S. 656), wonach die Gemeinden und Landkreise dafür sorgen mögen, betreffende Leichen den anatomischen Instituten der Landesuniversitäten zuzuführen (unkritisch übernommen von Seeger, Bestattungsrecht in Baden-Württemberg, 2. Aufl. 1984, Erl. zu § 42). Für die Ordnungsämter war das deshalb bequem, weil sie sich dadurch die Bestattungskosten ersparten.

[101] Dazu auch § 13 Abs. 2 ThürBestG: Danach ist die anatomische Sektion eines Unbekannten unzulässig und darf sie ansonsten nur mit schriftlicher Zustimmung des Verstorbenen erfolgen. Vgl. auch den Runderlass des NRW-Ministers für Arbeit, Gesundheit und Soziales vom 4.4.1985 (SMBl. NW 2127), wonach der Leichnam der Anatomie nicht zur Verfügung gestellt werden darf, sondern zu bestatten ist, wenn sich ein Wille des Verstorbenen nicht feststellen lässt (zustimmend Pluisch/Heifer, NJW 1994, S. 2377, 2378).

[102] Klee, DJZ 1910, S. 1404: es habe gewiss „etwas Tröstliches, dass wenigstens durch ihre entseelten Körper jene Parias der Menschheit noch dem allgemeinen Nutzen dienen."

[103] Typisch deutsch: Es gibt einen eigenen Bundesverband der Körperspender e.V. Gewichtiger Hintergrund von Körperspenden ist wohl – nimmt man ideelle Motive außen vor –, Angehörigen die Bestattungskosten zu ersparen (näher Groß u.a., in: Tag/Groß [Hg.], Der Umgang mit der Leiche, 2010, S. 331, 344 ff.; Schäfer u.a., in: Groß/Grande [Hg.], Objekt Leiche, 2010, S. 519 ff.). Solange die Angebote den Bedarf übersteigen, können anatomische Institute die Annahme einer

dann namentlich das Recht, „den Körper für wissenschaftliche Untersuchungen und die ärztliche Ausbildung verwenden und im Sinne einer Organspende Teile von ihm entnehmen“ zu dürfen.[104] Das ist einigermaßen weit gefasst, wobei es dem Donator unbenommen ist, bestimmte Verwendungen auszuschließen (sofern das Institut dann überhaupt noch an der Schenkung interessiert ist). Immerhin: Derzeit sollen in den anatomischen Instituten rund 100.000 Körperspendevereinbarungen registriert sein (mögen letztlich auch nicht alle zum Vollzug kommen).

Nachdem der Tote für die wissenschaftliche Forschung und Lehre freigegeben und im anatomischen Institut eingetroffen ist, übernimmt dessen Leitung die Fürsorge und Obhut. Die rechtliche Regulierung des Leichenversuchs bleibt gleichwohl vage, weil die Treuhand des Instituts zwar eigennützig, aber dennoch zweckgebunden ist, wiewohl die strafrechtliche Grenze des beschimpfenden Unfugs weit entfernt liegt. Gefordert ist danach eine Selbstverantwortung, die in einer universitär-wechselseitigen Kontrolle liegen sollte. Diese folgt zum Teil schon daraus, weil der Anatom die hier in Rede stehenden Leichenversuche selten selbst durchführt, weshalb er die ihm anvertrauten Toten nur herausgeben wird, wenn er von der Nützlichkeit und Verträglichkeit des Versuchs überzeugt ist.[105] Dass es ratsam sein kann, kritische Forschungsvorhaben zuvor auf breiterer Grundlage zu diskutieren, um etwaige Betriebsblindheit auszuschließen, ist bekannt. Im Unterschied zur Forschung an Lebenden besteht indessen keine gesetzliche Verpflichtung dazu, Ethikkommissionen zu befassen. Das heißt freilich nicht, dass sich eine Universität mit angeschlossenem anatomischem Institut nicht selbst in dieser Weise organisieren dürfte und sollte.[106]

Zu resümieren ist infolgedessen, dass das Recht kein wesentliches Druckmittel darstellt, um einen verträglichen Umgang mit Leichen sicherzustellen, soweit es um deren Einbindung in wissenschaftliche Experimente geht. Zu appellieren ist daher an die gewissenhafte Verantwortlichkeit des Wissenschaftlers, wie dies auch für andere Zusammenhänge gilt (bekanntlich mit durchmischtem Erfolg). Dass Anlass für eine kritische Selbstprüfung besteht, dazu sollten schon die Fälle in Heidelberg und Graz mahnen, soweit es um die Unfallforschung mit Leichen ging. Das Schweigen des Rechts besagt nämlich nichts zu einer stets möglichen Publizität. Vor allem die *Yellow Press* darf sich ihrer Leser sicher sein, wenn der Umgang mit Leichen skandalisiert und der Wissenschaftler als moderner *Dr. Frankenstein* skizziert wird.

Körperspende von einer Kostenbeteiligung um die 1.000 € abhängig machen (was viele von ihnen tun) oder sie sogar gänzlich abweisen (was zuweilen zu Zwistigkeiten mit Angehörigen führen soll).

[104] So die „Körperspendevereinbarung mit dem Anatomischen Institut der Universität des Saarlandes“. Dabei kann eine Sondervereinbarung über eine zeitliche unbegrenzte Dauerspende getroffen werden (ansonsten folgt nach ca. ein bis drei Jahren die Feuerbestattung).

[105] Einem Mitglied des anatomischen Institutes sollte eine überwachende Rolle nachkommen ausweislich der „Guidelines for Use of Cadavers in Biomedical Research“, Wayne State University, 1978. Zur Erklärung: Die Wayne State (Detroit!) besitzt ein biomedizinisches Forschungsinstitut, dem eine führende Rolle bei Crash-Tests zukommt (dazu bereits Spiegel 44/1965).

[106] Ratsam auch nach besagten „Guidelines for Use of Cadavers in Biomedical Research“, Wayne State University, 1978; ähnlich Laufs/Kern, Handbuch des Arztstrafrechts, 4. Aufl. 2010, § 130 Rn. 45.

IV. Rechtsvergleichung

Nach derzeitiger Rechtslage sind wir demzufolge gehalten, auf die Selbstverantwortung von Wissenschaft und Forschung zu vertrauen, vielleicht auch auf die Angst vor schlechten Schlagzeilen. Wiewohl ich zeitweise geneigt war, dieses Zutrauen schenken zu wollen, hat mich mancherlei Stimme von Berufsträgern recht nachdenklich gemacht. Einige von ihnen sind nämlich betont gewillt, die zahnlose Gesetzeslage kurzerhand zu übergehen, wenn es um Forschung an „ihren Leichen" geht. Es lohnt daher ein rascher Blick über den deutschen Tellerrand, der freilich nur selektiv erfolgen kann.

1. Großbritannien: The Human Tissue Act

Im Vereinigten Königreich sorgten bislang Skandale dafür, dass es zu gesetzgeberischen Aktivitäten betreffend den Umgang mit dem Körper verstorbener Menschen ging. Das galt schon für den *Anatomy Act* von 1832, der auf das Unwesen der sog. Wiederauferstehungsmänner (*Resurrection Men*) reagierte, die bestattete Leichen ausbuddelten und an die anatomischen Anstalten verscherbelten.[107] Auf die Spitze getrieben wurde dies in den Jahren 1828 und 1829 von den Herren *Burke* und *Hare*, die eine kleine Pension betrieben und den anatomischen Bedarf des *Edinburgh Medical College* auch mit alleinreisenden Gästen bedienten.[108] Das mörderische Treiben der beiden machte im Europa des 19. Jahrhunderts derartige Schlagzeilen, dass in England der besagte *Anatomy Act* verabschiedet und in Preußen die Weichen für den heutigen § 168 Abs. 1 StGB gestellt wurden.

Vor etwas über einem Jahrzehnt sorgte dann auf der Insel für Wirbel, dass Institute auf kindliche Organe zugegriffen hatten, ohne die Eltern konsultiert zu haben (*Bristol Royal Infirmary* bzw. *Royal Liverpool Children's Hospital [Aldery Hey]*). Die Folge war der *Human Tissue Act* von 2004, der in Kap. 30 ausladende Regelungen enthält.[109] Danach ist die Lagerung und Verwendung von Leichen und Leichenteilen zustimmungspflichtig (section 1 pp.) und bedarf einer Lizenz (section 16). Für die jeweilige Lizenzierung, Regulierung und Überwachung wurde eigens eine Behörde eingerichtet: *The Human Tissue Authority* (section 13 pp.). Weil man sich auf eine kritische Selbstprüfung der Betroffenen nicht mehr recht verlassen wollte, sind Verstöße strafbar gestellt worden. Nach den sections 5 (7) und 25 können immerhin Freiheitsstrafen bis zu drei Jahren sowie alternativ oder kumulativ Geldstrafen verhängt werden. Hervorzuheben ist, dass die Kommerzialisierung des toten

[107] Vgl. dazu Fido, Bodysnatchers, 1988; Kretschmer, Der Grab- und Leichenfrevel als strafwürdige Missetat, 2002, S. 256 ff., 520 ff.

[108] Näher Kretschmer, Der Grab- und Leichenfrevel als strafwürdige Missetat, 2002, S. 258 ff.

[109] Das Gesetz gilt nicht in ganz Großbritannien, weil Schottland seinen eigenen *Human Tissue (Scotland) Act* von 2006 besitzt. Vorläuferregelungen finden sich im *Human Tissue Act* 1961, im *Anatomy Act* 1984 und *Human Organ Transplants Act* 1989.

Körpers verboten und strafbar ist. Ausgenommen vom *Human Tissue Act* sind allerdings solche Verstorbene, bei denen der Tod vor mehr als 100 Jahren eingetreten ist: ein Archäologenprivileg.[110]

2. Schweiz: Humanforschungsgesetz

Die Schweiz stellt die „Störung des Totenfriedens" in Art. 262 ihres Strafgesetzbuchs gesondert unter Strafe und sieht dafür Freiheitsstrafen bis zu drei Jahren oder Geldstrafen vor. Das erfasst insbesondere Fälle, in denen die Ruhestätte eines Toten in roher Weise verunehrt (Nr. 1 Var. 1), ein Leichnam verunehrt oder öffentlich beschimpft (Nr. 2 Var. 3) oder ein Leichnam, Teile eines solchen oder die Asche eines Toten wider den Willen des Berechtigten weggenommen werden (Nr. 2). Sachlich schließt sich das weitenteils an das an, was wir bereits zum deutschen Recht (hier: § 168 Abs. 1 StGB) befunden haben. Auch Art. 262 schwStGB vermag Leichenversuche daher nur ausnahmsweise zu erfassen, etwa falls sie bei eigenmächtiger Durchführung mit einer Wegnahme einhergehen.

Im Unterschied zu Deutschland hat sich die Schweiz der Forschung an Leichen mittlerweile ausdrücklich angenähert. Das gründet in den Beratungen um ein umfassendes Humanforschungsgesetz, die seit 2006 intensiv geführt wurden, wobei die Kontroversen vor allem daran festzumachen waren, ob und inwieweit die Forschung an Kindern und Einwilligungsunfähigen statthaft ist.[111] Das führte zunächst zu einer Änderung der Bundesverfassung, mit der die kompetentielle Grundlage für ein einschlägiges Gesetz geschaffen wurde. Nachdem das Plebiszit eine Zustimmung von 77 % brachte, trat Art. 118b der Bundesverfassung, der sich allgemein mit der „Forschung am Menschen" befasst, ohne die an Leichen gesondert zu benennen, am 7. März 2010 in Kraft.[112] Im Unterschied zum Verfassungsartikel bezieht das sich hierauf stützende *Humanforschungsgesetz* (HFG; genauer: Bundesgesetz über die Forschung am Menschen) die hier interessierenden Leichenversuche ein, nachdem bis dahin nur Empfehlungen der Schweizerischen Akademie der Wissenschaften (SAMW) vorlagen.[113] Die Bundesversammlung verabschiedete das Gesetz am 30. September 2011 mit überwältigender Mehrheit.[114] Sein Inkrafttreten bedarf allerdings noch einer konkreten Festlegung durch den Bundesrat (Art. 68 Abs. 2 HFG), die erfolgen wird, sobald die Ausführungsbestimmungen erarbeitet worden

---

[110] Dazu section 16 (4) (b).

[111] Dabei ist zu berücksichtigen, dass die Schweiz der oben genannten Biomedizinkonvention beigetreten ist.

[112] Laut der Botschaft zum Verfassungsartikel über die Forschung am Menschen vom 12.9.2007 sollte der Begriff weit zu fassen sein und auch die Forschung an Leichen umfassen.

[113] SAMW, Verwendung von Leichen und Leichenteilen in der medizinischen Forschung sowie Aus-, Weiter- und Fortbildung, 2008.

[114] BBl. 2011, 7415. Der Ständerat votierte sogar einstimmig; der Nationalrat mit 189:7.

sind. Laut Angaben des Bundesamtes für Gesundheit wird das HFG voraussichtlich Mitte 2013 in Geltung treten.

Wiewohl die Rechtsverbindlichkeit noch aussteht, lohnt sich dennoch ein Blick ins Regelungswerk: Danach erstreckt sich sein Geltungsbereich auf die „Forschung zu Krankheiten des Menschen sowie zu Aufbau und Funktion des menschlichen Körpers“ (Art. 2 HFG) – und zwar auch „an verstorbenen Menschen“ (lit. b). Einbezogen ist damit auch die Forschung zu Eingriffen und Einwirkungen (Art. 3 lit. c HFG). All das ermöglicht weitenteils wissenschaftliche Experimente, wie sie oben dargestellt sind, weil es auch hier stets darum geht, wie der menschliche Körper auf sie reagiert. Verbunden ist das mit einem Kommerzialisierungsverbot zu Forschungszwecken (Art. 9 HFG). Kein Gegenstand des Gesetzes ist dagegen die Aus-, Fort- und Weiterbildung, weshalb das bloße Einüben von OP-Techniken ungeachtet seiner Wichtigkeit nicht erfasst ist.[115]

Besondere Zuwendung schenkt das Humanforschungsgesetz der „Forschung an verstorbenen Menschen“ in seinem 5. Kap. Hier setzt Art. 36 HFG für die Verwendung zu Forschungszwecken grundsätzlich eine vor dem Tod gegebene Einwilligung voraus (Abs. 1). Nur falls keine Erklärung dokumentiert ist, dürfen nächste Angehörige oder zu Lebzeiten bezeichnete Vertrauenspersonen einwilligen (Abs. 2), wobei sich dies entsprechend dem Transplantationsrecht bestimmt (Abs. 3). Liegt der Todeseintritt mehr als 70 Jahre zurück, soll es jedoch keiner Einwilligung (mehr) bedürfen (Abs. 4), wenngleich den nächsten Angehörigen dennoch ein Ablehnungsrecht zustehen soll. Das Humanforschungsgesetz folgt damit einer erweiterten und dem Transplantationsrecht angelehnten Zustimmungslösung,[116] die es – nicht unähnlich dem englischen *Human Tissue Act* – mit einem Archäologenprivileg verbindet. Geringfügige Mengen an Körpersubstanzen, die im Rahmen einer Obduktion oder Transplantation entnommen werden, dürfen ausnahmsweise auch ohne Einwilligung anonymisiert der Forschung zugeführt werden, sofern keine dokumentierte Ablehnung vorliegt (Art. 38 HFG).

Das jeweils in Rede stehende Forschungsprojekt darf außerdem erst nach der Bewilligung durch die zuständige Ethikkommission durchgeführt werden (Art. 45 Abs. 1 HFG).[117] Diese Gestattung wird erteilt, „wenn die ethischen, rechtlichen und wissenschaftlichen Anforderungen“ des Gesetzes erfüllt sind (Art. 45 Abs. 2 HFG). Dazu zählt auch, dass zunächst die Todesfeststellung erfolgen muss (Art. 37 Abs. 1 HFG), was vor allem bei Forschungen an und mit Hirntoten bedeutsam ist. Weil solcherlei Experimente durchaus verstören können, sind Forschungsprojekte „an verstorbenen Personen, die künstlich beatmet werden“, zwar möglich, doch nur subsidiär, wenn nämlich „gleichwertige Erkenntnisse nicht mit verstorbenen Personen gewonnen werden können, die nicht künstlich beatmet werden“ (Art. 37 Abs. 2 HFG; zudem kann der Bundesrat weitere Voraussetzungen festlegen). Um

---

[115] In diesem Sinne legt die SAMW den Instituten in den genannten Empfehlungen nahe, in Körperspendevereinbarungen auf diese Verwendungsmöglichkeit hinzuweisen.

[116] Ebenso die Bestattungsgesetze von Nordrhein-Westfalen und Sachsen-Anhalt in Bezug auf Obduktionen (näher § 10 Abs. 1/2 BestG NW bzw. § 9 Abs. 1 S. 3 BestattG LSA).

[117] Näher zu den Ethikkommissionen verhalten sich die Art. 51 ff. HFG.

Interessenkonflikte gar nicht erst aufkommen zu lassen, darf – durchaus analog dem Transplantationsrecht – an der Todesfeststellung nicht mitwirken und außerdem den daran beteiligten Personen gegenüber nicht weisungsbefugt sein, wer ein solches Forschungsprojekt durchführt (Art. 37 Abs. 3 HFG). Korrespondierend mit dem HFG ist das Transplantationsgesetz geändert worden, wonach nunmehr klinische Versuche der Transplantation menschlicher Organe, Gewebe oder Zellen vor ihrer Durchführung einer Bewilligung des Bundesamtes bedürfen (Art. 36 Abs. 1 schwTPG).

Strafrechtlich abgesichert werden die im Humanforschungsgesetz niedergeschriebenen Verhaltensanforderungen durch einen formell subsidiären Tatbestand (Art. 62 HFG: Vergehen).[118] Sofern nach dem Strafgesetzbuch keine schwerere strafbare Handlung vorliegt (z. B. Art. 262 schwStGB), droht für eine Vorsatztat immer noch eine Freiheitsstrafe von bis zu drei Jahren oder eine Geldstrafe. Das erstreckt sich unter anderem auf den Fall, dass der Täter ein Forschungsprojekt ohne die nötige Einwilligung durchführt (Art. 62 Abs. 1 lit. b HFG), was auch die Forschung an Leichen miterfasst. Die gleiche Strafe erwirkt der Täter, falls er das Kommerzialisierungsverbot verletzt, indem er den menschlichen Körper oder dessen Teile geldwert veräußert oder erwirbt (Art. 62 Abs. 1 lit. c HFG). Bei Gewerbsmäßigkeit ist auf Freiheitsstrafe zu erkennen und diese mit einer Geldstrafe zu verbinden (Art. 62 Abs. 2 HFG). Letztlich ist auch fahrlässiges Handeln strafbar und kann eine Geldstrafe von bis zu 180 Tagessätzen einbringen. Erfolgt der Leichenversuch, ohne dass er von der Ethikkommission bewilligt worden wäre, liegt zwar kein Vergehen vor, wohl aber eine mit Buße zu belegende Übertretung (Art. 63 Abs. 1 lit. a HFG).[119]

3. Österreich: Misshandlung von Leichen

Ein hurtiger Blick des Rechtsvergleichs soll zuletzt der Alpenrepublik zugewendet sein. Diese pönalisiert die „Störung der Totenruhe“ in § 190 ihres Strafgesetzbuchs. Mit Freiheitsstrafe bis zu sechs Monaten oder mit Geldstrafe ist danach zu belegen, wer einen Leichnam oder Teile eines solchen oder die Asche eines Toten einem Verfügungsberechtigten entzieht oder aus einer Beisetzungs- oder Aufbahrungsstätte wegschafft. Desgleichen erwirkt ein Täter, der einen Leichnam misshandelt oder ihn, die Asche eines Toten oder eine Beisetzungs-, Aufbahrungs- oder Totengedenkstätte verunehrt.

Die in § 190 Abs. 1 öStGB geregelten Varianten des Entziehens respektive Wegschaffens ähneln der Wegnahme des deutschen und schweizerischen Strafrechts. Während sich das deutsche Strafrecht zudem auf den „beschimpfenden Unfug“

[118] Vorgreifend Mausbach, in: Tag/Groß (Hg.), Der Umgang mit der Leiche, 2010, S. 293 ff.

[119] Das bezieht sich sowohl auf vorsätzliches als auch fahrlässiges Verhalten. Strafbar wäre die Durchführung ohne Bewilligung nur bei einer Gesundheitsgefährdung der teilnehmenden Personen (Art. 62 Abs. 1 lit. a HFG), die wir für unsere Probanden ausschließen dürfen.

konzentriert, der dem Verunehren des österreichischen und schweizerischen Strafgesetzbuchs nahe steht, ist das Misshandeln des Leichnams (nicht ausreichend: von Leichenteilen) eine österreichische Besonderheit, die Schule machen könnte. Als Misshandeln darf es nun angesehen werden, wenn Leichenversuche ohne Gestattung erfolgen. Erforderlich ist danach eine Zustimmung, zu der zuvörderst auf eine Vorausverfügung des „Post Mortal Human Subjects" (PMHS) abzustellen ist. Solange nichts Gegenteiliges normiert ist, dürfte subsidiär auch eine Zustimmung seitens der Totensorgeberechtigten erfolgen können.

V. Reformüberlegung

Es ist zu resümieren, dass das deutsche Recht sehr zurückhaltend in der Befassung mit dem Leichenversuch ist. Das Vertrauen in die Redlichkeit aller Berufsträger ist ehrend, kann aber nicht zur Gänze beruhigen. Ratsam ist daher eine vorsichtige Renovierung des rechtlichen Gefüges, ohne dass dieser Handlungsbedarf wirklich drängend wäre. Dabei ist eine Regulierung wiederholt erwogen oder gefordert worden.[120]

Hinzuweisen ist namentlich auf die Ergebnisse einer Bund-Länder-Arbeitsgruppe, die zwar in den 1970ern eigentlich nur eingesetzt war, um eine gesetzliche Regelung der Transplantation und Sektion vorzubereiten, die sich wegen des Sachzusammenhangs aber auch mit dem Leichenversuch befasste. Mit Recht befand sie die Notwendigkeit, in gewissem Umfang mit Leichen zu experimentieren, für unverzichtbar.[121] Ein Konsens konnte dort allerdings nicht erzielt werden, wobei sowohl eine strenge Einwilligungslösung erwogen wurde[122] als auch eine Zuweisungslösung im überkommenen Sinne, wonach bei fehlender Willensäußerung die Angehörigen einwilligen können und ohne diese eine Zuweisung kraft richterlicher Genehmigung erfolgen dürfe.[123] Insgesamt präferierte die Kommission, für Eingriffe an Leichen eine Gesamtregelung im Strafgesetzbuch vorzunehmen. Postuliert wurde dazu eine hier nicht relevante Änderung des bekannten § 168 StGB. Neu eingefügt werden sollte ein § 168a, der sich auf „Eingriffe auf Leichen" beziehen und unter Strafe stellen sollte, die Unversehrtheit einer Leiche zu verletzen. Damit hätte (nicht nur) die Vielzahl von Leichenversuchen grundsätzlich den Tatbestand der neuen Norm erfüllt und besonderer Rechtfertigung bedurft. Straflos gestellt werden sollten deshalb unter bestimmten Kautelen die Transplantation (§ 168b), die

[120] Für eine Normativierung bspw. auch Dettmeyer, in: Brinkmann/Madea (Hg.), Handbuch für gerichtliche Medizin, Bd. 1, 2004, S. 23; Pluisch/Heifer, NJW 1994, S. 2377, 2381.

[121] Vgl. näher den Bericht der Bund-Länder-Arbeitsgruppe zur Vorbereitung einer gesetzlichen Regelung der Transplantation und Sektion, 1976 (auch: BR-Drs. 395/78), S. 7, 18 f.

[122] In diesem Sinne die beiden einzigen Landesgesetze (Hamburg, Mecklenburg-Vorpommern), die den Leichenversuch bislang überhaupt regulieren.

[123] Zum Formulierungsvorschlag siehe den Bericht der Bund-Länder-Arbeitsgruppe zur Vorbereitung einer gesetzlichen Regelung der Transplantation und Sektion, 1976 (auch: BR-Drs. 395/78), S. 26.

innere Leichenschau (§ 168c), die anatomische Sektion und die Leichenversuche (§ 168d) sowie die der Leichenversorgung und Bestattung dienenden Handlungen (§ 168e).[124]

Gegenüber solcherlei Detaillierung ist freilich eine schlankere Fassung des Strafgesetzbuches allemal vorzugswürdig. Dazu habe ich bereits an anderer Stelle vorgeschlagen, den antiquierten Wortlaut des § 168 Abs. 1 StGB kurzerhand durch Anlehnung an das österreichische Strafrecht zu restaurieren, woran ich festhalten möchte.[125] Es sollte demnach nicht mehr um „beschimpfenden Unfug" gehen, sondern um ein Misshandeln des Leichnams. Im Unterschied zum Vorschlag der Bund-Länder-Arbeitsgruppe, die auf die Verletzung der körperlichen Unversehrtheit abstellen möchte (§ 168a StGB-E), greift der Begriff des Misshandelns darüber hinaus (man denke nur an Nekrophilie). Bei seiner Auslegung kann sich der Rechtsanwender sowohl an der österreichischen Praxis als auch dem gleichlautenden Merkmal des Körperverletzungstatbestandes orientieren.

Abgesehen davon ist es ein Desiderat, dass in die Landesgesetze eigene Regelungen zum Leichenversuch aufgenommen werden, soweit noch nicht geschehen.[126] Eines eigenen Bundesgesetzes nach schweizerischem Vorbild bedürfte es dann nicht. Da das Gesetz nur Mindestvorgaben schaffen muss, scheint die Verengung der Landesgesetze in Hamburg und Mecklenburg-Vorpommern auf die enge Zustimmungslösung, wonach es zwingend einer Vorausverfügung des Toten bedarf, etwas überzogen. Dass es den Instituten unbenommen ist, nur mit solchen Toten zu forschen, die zuvor eine Körperspendevereinbarung abgeschlossen haben, ist davon unbenommen. Zu flankieren ist die Zustimmungslösung jedoch mit Sanktionsnormen, die normgerechtes Verhalten erzwingen können. Das muss kein Strafrecht sein, solange Ordnungswidrigkeiten diesen Zweck ebenfalls erfüllen können. Das Vakuum der geltenden Landesgesetze harrt daher der Auffüllung. Denn es sollte sichergestellt werden, dass wirklich nur geneigte Tote auf die Kreuzfahrtreisen gehen, von denen die eingangs genannte *Mary Roach* gesprochen hat.

---

[124] Vgl. die beiden Entwurfsfassungen im Bericht der Bund-Länder-Arbeitsgruppe zur Vorbereitung einer gesetzlichen Regelung der Transplantation und Sektion, 1976 (auch: BR-Drs. 395/78), S. 32 ff. bzw. 35 ff.

[125] Kretschmer, Der Grab- und Leichenfrevel als strafwürdige Missetat, 2002, S. 384 f., 425, 514, 527; ebenso Stellpflug, Der strafrechtliche Schutz des menschlichen Leichnams, 1996, S. 152.

[126] In diesem Sinne auch Remmele (Hg.), Pathologie, Bd. 1: Rechtsfragen in der Pathologie u.a., 2. Aufl. 1999, S. 15.

Die Verwendung von Organen und Geweben aus dem Leichnam zu Forschungszwecken

Hans-Dieter Lippert

I. Einleitung

Medizinische Forschung findet am menschlichen Körper insgesamt oder an Teilen davon statt. Zu denken ist hier an Körpermaterialien, wie etwa Blut- und Gewebsproben, Körperflüssigkeiten, Knochen und deren Teile, Hautstanzen, Nabelschnüre, Plazenten und menschliche Zellen, um nur einige zu nennen. Das Material kann dem Lebenden aber auch dem Toten entnommen werden.

II. Voraussetzungen für die Entnahme

Die Legitimation des Forschers zur klinischen Forschung am menschlichen Körper oder Teilen davon ergibt sich aus Art. 5 Abs. 3 GG. Dem stehen nach unserem Verfassungsverständnis aber die Grundrechte der Patienten oder Probanden aus Art. 1 und 2 GG gegenüber. Der Behandlungsvertrag mit dem Träger des Krankenhauses rechtfertigt keine Eingriffe zu Forschungszwecken, auch nicht die Entnahme von Organen und Geweben zu diesem Zweck. Weder die Sektionsklausel in den AVB der Krankenhäuser noch der Obduktionsauftrag der Staatsanwaltschaft rechtfertigt Eingriffe in den Leichnam zu Forschungszwecken. Einzig ein Probandenvertrag der zur Totensorge berechtigten Angehörigen vermag Eingriffe in den Leichnam zur Entnahme von Geweben und Organen zu Forschungszwecken zu rechtfertigen.[1]

[1] Die Einwilligung – die nicht als rechtsgeschäftliche Willenserklärung angesehen wird – ist Teil der auf den Abschluss des Probandenvertrages gerichteten Willenserklärung. Vgl. zur Einwilligung im Einzelnen: Deutsch/Spickhoff, Medizinrecht, 6. Aufl. 2008, Rz. 243 ff.; Giessen, Arzthaftungsrecht, 3. Aufl. 1995, S. 105 ff.; Laufs/Uhlenbruck, Handbuch des Arztrechts, 3. Aufl. 2002, § 6 Rz. 21 ff.; Laufs, Arztrecht, 5. Aufl. 1993, Rz. 160 ff.; Münchener Kommentar- Mertens,

H.-D. Lippert (✉)
KNORR Rechtsanwälte AG Ulm, Frauenstraße 11, 89073 Ulm, Deutschland
E-Mail: office@knorr.org

A. Wienke et al. (Hrsg.), *Rechtsfragen der Obduktion und postmortalen Gewebespende,* MedR Schriftenreihe Medizinrecht, DOI 10.1007/978-3-642-29473-0_6,

Die zur Totensorge berechtigten Angehörigen sind dabei in ihrer Entscheidung, in welchem Umfang sie Eingriffe zulassen wollen oder nicht, nicht völlig frei, sondern an den tatsächlichen oder den mutmaßlichen Willen des Verstorbenen gebunden.[2] Grenze für vertraglich begründete Pflichten ist wie auch sonst die Gesetzes – und die Sittenwidrigkeit. Der Probandenvertrag kann auch bereits zu Lebzeiten unter der aufschiebenden Bedingung des Todes geschlossen werden. Auch der Vertrag zur Überlassung des eigenen Körpers an ein Anatomisches Institut kann die Verwendung des Leichnams rechtfertigen, für Forschungszwecke allerdings nur in seiner qualifizierten Form. Denn im Normalfall erlaubt der Vertrag die Verwendung nur zu Lehrzwecken im Unterricht für die Medizinerausbildung.

III. Recht am entnommenen Material

Bei Forschungsprojekten im Bereich der experimentellen Naturwissenschaften und in der Medizin, deren Ergebnisse auf der Grundlage von wissenschaftlichen Experimenten erzielt werden, spielt bereits das Material, mit dem die Forschung durchgeführt wird und die Rechte daran eine bedeutende Rolle.[3]

Menschlichen Organen und Geweben ist gemeinsam, dass sie – im Gegensatz zum menschlichen Körper insgesamt, der selbst nicht eigentumsfähig ist[4] –, mit der Trennung vom menschlichen Körper Eigentum des bisherigen Trägers werden.[5]

BGB, 2. Aufl. 1986, § 823 Rz. 421 ff.; Palandt- Sprau, BGB, 67. Aufl. 2008, § 823 Rz. 134 ff.; BVerfGE 52, 131; BGHZ 29, 36; Lippert, Die Einwilligung in der medizinischen Forschung und ihr Widerruf, DMW 1997, 912.

[2] Wie hier: Müller, S. 68 ff.

[3] Gegenstände, die Forschungszwecken dienen sollen, (Geräte, Verbrauchsmaterialien, Versuchstiere etc.) und die aus Haushaltsmitteln der Universitäten beschafft werden, gehen in das Eigentum des Landes als des Trägers der Universität über. So sehen es nahezu einheitlich alle landesrechtlichen Vorschriften vor. Gleiches gilt auch für Beschaffungen dieser Gegenstände aus Mitteln Dritter, wobei hier (sofern vorgegeben) die Zweckbestimmung des Drittmittelgebers zu beachten ist Vgl. hierzu z.B. §§ 13 Abs. 5–7, 41 LHG b.w.; Dieser Aspekt soll im Folgenden aber nicht weiter verfolgt werden.

[4] Wie hier: Münchener Kommentar- Holch, § 90 Rz. 21 ff., Soergel-Mühl, § 90 Rn. 3 ff., Forkel, Verfügungen über Teile des menschlichen Körpers – ein Beitrag zur zivilrechtlichen Erfassung der Transplantationen, JZ 1974, 594 m.w.Nachw.; so auch Müller, Die kommerzielle Nutzung menschlicher Körpersubstanzen, 1997, S. 77 ff.; Vgl. hierzu auch neuestens Halàsz, Das Recht auf bio-materielle Selbstbestimmung, 2004.

[5] Wie hier: Münchener Kommentar –Holch, Rz. 21 ff.; Forkel (o.Anm. 4); Palandt- Ellenberger, vor § 90 Rn. 10 f., § 90 Rn. 3; Staudinger- Dilcher, BGB, § 90 Rz. 19; Schröder/Taupitz, Menschliches Blut: verwertbar nach Belieben?, 1991, S. 35 ff.; Rieger, Lexikon des Arztrechts, 1984, Rz. 973 ff. m.w.Nachw.; nach anderer Ansicht steht dem bisherigen Träger der Sache, die nach der Trennung zunächst herrenlos sind, das ausschließliche Aneignungsrecht zu Vgl. Staudinger- Coing, BGB, 12. Aufl. § 90 Rz. 4; Vgl. auch zum ganzen: Laufs, (o. Anm. 1) Rz. 277 ff. m.w.Nachw., der im Anschluss an Schröder/Taupitz zu Recht auf den persönlichkeitsrechtlichen Aspekt der Verwendung von Körpermaterialien zu Forschungszwecken hinweist;

Das Eigentum an den Materialien wird durch Übereignung begründet.[6] Eine automatische Übereignung von Organen und Geweben mit Ihrer Trennung von der Leiche findet nicht statt. Im Probandenvertrag ist zu regeln, wer Eigentümer des Materials wird, was mit dem Material geschehen soll und wofür es verwendet werden darf. Im universitären Bereich empfiehlt es sich zudem nicht den Leiter der Einrichtung, in der die Forschung stattfindet zum Eigentümer zu machen, sondern die Institution selbst.

Von einer Aufnahme einer allgemeinen „Forschungsklausel" in die AVB der Krankenhäuser ist angesichts der Vielgestaltigkeit der Forschungsmöglichkeiten und ihrer sachgerechten Auswahl bei der Aufnahme des Patienten abzuraten. Der Proband schließt zum Beispiel gar keinen Aufnahmevertrag mit der Einrichtung der Krankenversorgung.

IV. Rechte an personenbezogenen Daten

Körpermaterialien werden eher selten völlig anonym zum Gegenstand des Rechtsverkehrs. Zumeist sind mit ihnen personenbezogene Daten des ehemaligen Trägers verbunden, die zusammen mit dem Material dessen Wege teilen. Diese personenbezogenen Daten sind keine Sachen i. S. v. § 90 BGB, sind also nicht eigentumsfähig. Erst wenn sie verkörpert sind, etwa auf einem Datenträger, sind sie ihrerseits verkehrs- und eigentumsfähig.[7] Es spricht daher einiges dafür, ihnen im Zeitpunkt der Entnahme keinen eigenen Rechtsstatus zuzubilligen. Sie sind Teil des Materials mit dem sie entnommen werden. Datenschutz genießen sie nämlich erst wenn sie erhoben (also verarbeitet) sind. Dann unterliegen sie den Vorschriften der jeweiligen Datenschutzgesetze des Bundes und der Länder. Sind sie erst verkörpert und werden sie Teil eines wissenschaftlichen Werks, so genießen sie auch noch Schutz nach dem UrhG.

Zu beachten ist, dass bei der Verwendung des entnommenen Materials und der damit verbundenen Daten des ehemaligen Trägers zu Forschungszwecken spezielle Vorschriften in den jeweiligen Datenschutzgesetzen zu beachten sind. Sie gestatten ausnahmsweise auch die Verwendung der personenbezogenen Daten ohne ausdrückliche Einwilligung, wenn es unzumutbar ist, diese einzuholen. Wichtiger allerdings als dieser Aspekt ist die Verpflichtung des Forschers, die Daten nur dem Zweck verwenden zu dürfen, für den sie erhoben wurden. Eine eigenmächtige, spätere Zweckänderung ist nicht möglich. Zudem sind die Daten sobald wie möglich zu anonymisieren. Ausnahmen davon sind zu begründen.

---

[6] § 950 BGB, wonach das Eigentum auch durch Verarbeitung erworben werden kann, ist im vorliegenden Fall nicht relevant. Vgl. zur ähnlich gelagerten Situation bei den Eigentumsverhältnissen an den Krankenakten: Lippert, Übertragbarkeit der Rechtsprechung des BGH zum Urheberrecht an Ausgrabungsunterlagen auf Krankenunterlagen? NJW 1993, 763;

[7] All. Meinung vgl. Palandt- Ellenberger § 90 Rn. 2, : Münchener Kommentar – Holch, § 90 Rn. 7a.

V. Weitergabe des entnommenen Materials

Hat die Institution das Eigentum an personenbezogenen Daten der Patienten oder Probanden erlangt, so berechtigt sie diese Stellung eines Eigentümers noch nicht zur Verwertung der Daten. Diese unterliegen zunächst erst einmal der ärztlichen Schweigepflicht. So lange der Patient oder Proband nicht in die Veröffentlichung eingewilligt hat, dürfen weder die Institution noch deren Angehörige die Daten durch Veröffentlichung wissenschaftlich verwerten.[8] Nach den Forschungsklauseln in den Datenschutzgesetzen ist eine Verwendung zu wissenschaftlichen Zwecken zwar ausnahmsweise auch ohne schriftliche Einwilligung möglich, sofern überwiegende schutzwürdige Interessen des Betroffenen nicht entgegenstehen. Dass dies der Fall ist, hat der Forscher zu belegen. Jedoch hat die ärztliche Schweigepflicht Vorrang vor den datenschutzrechtlichen Vorschriften.

Auch eine Weitergabe des Materials und der dazu gehörigen Daten an Dritte ist zu diesem Zeitpunkt ausgeschlossen. Hat der ehemalige Träger den Eigentümer der Materialien und der Daten von der Schweigepflicht entbunden, dann kann veröffentlicht und, sofern so vereinbart, können Material und Daten an Dritte weitergegeben werden.

VI. Rechte am erzielten Forschungsergebnis

Man sollte meinen, der Eigentümer des Forschungsmaterials werde normalerweise auch Eigentümer des daraus erzielten Forschungsergebnisses, sofern es ein gegenständliches Ergebnis ist.

An den Universitäten gilt folgende Rechtslage: das dort tätige Personal genießt gegenüber dem an nichtuniversitären Einrichtungen einen Sonderstatus, jedenfalls soweit es sich dabei um Professoren (keine Titularprofessoren), Juniorprofessoren Hochschuldozenten, Wissenschaftliche Assistenten und Privatdozenten handelt. Diese können sich bei ihrer Tätigkeit auch als Ärzte auf das grundgesetzlich verbriefte Recht zur freien wissenschaftlichen Forschung aus Art. 5 Abs. 3 GG berufen. Im Rahmen der Forschungsfreiheit können diese Personen auch Eigentum am erzielten Ergebnis erwerben.

Wird entnommenes Körpermaterial zu Forschungszwecken aufgearbeitet, so wird derjenige Professor, unter dessen Leitung das Projekt steht, Eigentümer der von ihm und unter Mitwirkung seiner ärztlichen und nichtärztlichen Mitarbeiter gefertigten Unterlagen und Materialien. Aus ihrem Dienstverhältnis sind die Mitarbeiter dem Professor gegenüber verpflichtet, wissenschaftliche oder nichtwissenschaftliche Tätigkeiten zu erbringen. Der Eigentumserwerb kann sich auch nach

[8] Vgl. hierzu Lippert, Der Krankenhausarzt als Urheber, MedR 1994,135 (139) m.w.Nachw.; ders. Rechtsprobleme bei der Forschung in Notfall- und Intensivmedizin, DMW 1994, 1796 m.w.Nachw.; ders. Rechtsfragen bei Forschungsprojekten am Menschen, VersR 1997, 545;

§ 950 BGB vollziehen.[9] Die Mitarbeiter verarbeiten hier das Material des Trägers der Einrichtung für den Professor.[10]

Vorstehend gemachte Ausführungen gelten aber auch für den Doktoranden uneingeschränkt, sofern er in einem Dienstverhältnis zum Träger der Universität/Universitätsklinikum stehen sollte. In der Praxis der medizinischen Fakultäten ist dies aber eher die Ausnahme. Natürlich spräche nichts dagegen, mit dem Doktoranden eine vertragliche Abrede über das Eigentum am Forschungsergebnis, die Verwertungsbefugnis und eine Ertragsbeteiligung zu treffen. Nur wird es in der Praxis auch aus fehlendem Problembewusstsein heraus nicht getan.

Ist derjenige, der Forschungsdaten erhoben und verkörpert hat, Eigentümer dieser Daten, so kann außer ihm niemand über die Daten verfügen. Ja, er kann jeden von der Nutzung und Verwertung der Daten gegebenenfalls auch auf gerichtlichem Wege ausschließen. Sind die Daten Inhalt eines urheberrechtlich geschützten Werkes geworden, so steht dem Urheber der Schutz des Urheberrechtsgesetzes zu. Auch er kann jeden anderen von der Nutzung oder Verwertung des Werkes ausschließen und gegen widerrechtliche Nutzungen und Verwertungen des Werks gerichtlich vorgehen.

Die Missachtung dieser rechtlichen Grunderkenntnisse führt häufig im Bereich der Hochschulmedizin und in den Naturwissenschaften dazu, dass sich die Kontrahenten, nicht selten in der Konstellation Mitarbeiter gegen Chef vor der Kommission zur Ahndung von Verstößen gegen die Gute Wissenschaftliche Praxis unter dem Vorwurf des Datendiebstahls zumeist ziemlich frustrierende Scheingefechte um eben diese Rechte liefern, obwohl sie häufig und obwohl möglich entgegen gut gemeinten Rat vorher keine Absprachen hierüber getroffen haben.[11]

VII. Forschungsergebnisse und Arbeitsrecht

Nicht nur der sachenrechtliche Aspekt der Eigentumsverhältnisse an verkörperten Forschungsdaten ist für die Beurteilung der Rechtsverhältnisse an diesen Daten von Bedeutung, sondern auch die arbeitsrechtlichen Beziehungen der Beteiligten spielen hier eine Rolle. Ähnlich wie im Urheberrecht hat das Arbeitsrecht Auswirkungen auf das Ergebnis auch forscherischer Tätigkeit. Wer in einem Arbeitsverhältnis steht, zu dessen Aufgabe es gehört, wissenschaftliche Ergebnisse zu erzielen (und dies ist bei den meisten Angehörigen des akademischen Personals der Fall) muss sich fragen lassen, welche Rechte an den erzielten Ergebnissen bestehen. Was

[9] Am Beispiel der für die medizinischen Forschungsprojekte häufig relevanten Krankenakten lässt sich dies besonders gut zeigen. Vgl. hierzu BGH NJW 1952, 661; Rieger (o.Anm. 5) Rz. 1077; Jäckel, Über den Begriff, die Pflicht zur Führung und Aufbewahrung sowie die Rechtsnatur der Krankenunterlagen in: Mergen (Hrsg.) Die juristische Problematik in der Medizin, 1971, Bd. II, S. 164; Lenkaitis, Krankenunterlagen aus juristischer insbesondere zivilrechtlicher Sicht, 1979, S. 53 ff.; Lippert, (o. Anm. 6); ders. Der Krankenhausarzt… MedR 1994, 135;

[10] Vgl. hierzu Lippert, (o. Anm. 6); ders., Der Arbeitnehmererfinder als Arzt im Universitätsklinikum, Die Personalvertretung, 1996, 107 m.w.Nachw.; BGH NJW 1991, 1480;

[11] Vgl. auch Lippert, Die Fälschung von Forschungsdaten ahnden – ein mühsames Unterfangen WissR 2000, 210.

die Eigentumsverhältnisse am Ausgangsmaterial angeht, so gilt das oben unter II. Gesagte uneingeschränkt auch hier.

Wer nach dem Inhalt seines Arbeitsverhältnisses zur Erzielung wissenschaftlicher Ergebnisse verpflichtet oder, hierbei unterstützend tätig ist, der wird nicht Eigentümer der Ergebnisse. Und selbst wenn er Eigentümer der Ergebnisse nach § 950 BGB würde, wäre er verpflichtet nach seinem Arbeitsverhältnis das Eigentum daran auf seinen Arbeitgeber rückzuübertragen, da der ihn schließlich für die Erzielung dieser Ergebnisse bezahlt.[12]

Eine offensichtliche Lücke bleibt allerdings dann bestehen, wenn kein Arbeitsverhältnis zur Institution oder zum Forscher besteht. Dies ist regelmäßig bei Studierenden der jeweiligen Fachrichtung der Fall. sie mögen zwar Mitglieder der jeweiligen Universität sein, als solche stehen sie aber auch als Promovenden nicht zugleich in einem arbeits – oder arbeitsrechtsähnlichen Verhältnis zur Institution. Der medizinische Doktorand als Student hat aus dem mitgliedschaftlichen Verhältnis zur Universität keine Verpflichtung in Forschungsprojekten, in denen er eingesetzt wird, Eigentum zu schaffen und dieses auf den Betreuer zu übertragen. Auch aus dem Betreuungsverhältnis des Betreuers zum Doktoranden lässt sich eine derartige Verpflichtung nicht herleiten.[13] Der Betreuer hat jedenfalls als solcher auch kraft Gesetzes keine Rechtsansprüche gegen den Doktoranden etwa auf Herausgabe oder gar Übertragung des Eigentums. Für den Promovenden ergibt sich auch keine rechtliche Verpflichtung, die erzielten Ergebnisse an den Betreuer zu übereignen. Vertraglich könnte anderes vereinbart werden.

VIII. Exkurs: Genetische Untersuchungen am entnommenen Material

Nicht selten besteht die Absicht an dem entnommenen Material auch genetische Untersuchungen vorzunehmen. Dagegen ist im Grunde nichts einzuwenden. Allerdings werden in die Entnahme und Untersuchung zum Zweck der Beforschung der Erbanlagen des ehemaligen Trägers des Materials die wenigsten Menschen vor ihrem Tod eingewilligt haben. Diese Einwilligung ist einzuholen, ehe das Material für genetische Untersuchungen verwendet werden kann. Zur Einwilligung befugt sind die nächsten Angehörigen in der Reihenfolge, in der sie auch im Bereich der Totensorge zur Abgabe rechtswirksamer Willenserklärungen befugt sind. Besondere Aufmerksamkeit ist immer dann erforderlich, wenn durch die Untersuchungen nicht nur in das postmortale Persönlichkeitsrecht des ehemaligen Trägers des Materials eingegriffen werden muss, sondern auch in dasjenige lebender Angehöriger.[14]

---

[12] Palandt-Bassenge, § 950 Rz. 7.

[13] Vgl. hierzu Wimmer, Die wirtschaftliche Verwertung von Doktorandenerfindungen GRUR 1961, 449; BGH NJW 1960, 912 ff;

[14] Vgl. etwa bei Koppelungsanalysen, bei denen es geradezu zum Design gehört, die Verwandten in die Untersuchung mit einzubeziehen. Lippert

IX. Aufbewahrung von Material und Daten

Nicht selten bereitet die Aufbewahrung von Material und Daten dann Probleme, wenn das Material personalisiert ist und die erhobenen Daten nach wie vor personenbezogen sind. Auch die Dauer der Aufbewahrung ist zumeist nicht sinnvoll gewählt. Der ehemalige Träger des Materials ist so während der Aufbewahrungsfrist immer noch eindeutig zu identifizieren. Auch nach seinem Tod wird so in sein Persönlichkeitsrecht, auch sein postmortales, eingegriffen.

Auch für diesen Eingriff muss es eine Rechtfertigung geben, die mit dem zur Einwilligung Berechtigten vor der Materialgabe geklärt werden muss. Die Forschungsklauseln der Datenschutzgesetze jedenfalls sehen generell vor, dass die personenbezogenen Daten, die für Forschungszwecke erhoben worden sind, so schnell wie möglich zu anonymisieren sind. Soll dies nicht geschehen, so ist dies als Ausnahme von der Regel begründungspflichtig.

X. Zusammenfassung

1. Die postmortale Entnahme von Geweben und Organen ist zu Forschungszwecken möglich. Der Vertrag, der die Übereignung und Verwendung des Materials regelt, kann bedingt durch den Tod bereits zu Lebenszeit oder auch nach dem Tod durch die zur Totensorge berechtigten Angehörigen abgeschlossen werden. Der tatsächliche oder mutmaßliche Wille des Verstorbenen ist zu beachten. Der Vertrag hat die Grenzen von Gesetzes – und Sittenwidrigkeit einzuhalten.
2. Die mit dem Material verbundenen personenbezogenen Daten unterliegen den Forschungsklauseln der Datenschutzgesetze.
3. Eigentümer der Ergebnisse aus der Forschung mit Organen und Geweben wird der Leiter der jeweiligen Einrichtung. Den Mitarbeitern stehen keine Rechte am Ergebnis zu. Der Leiter ist auch Urheber im Sinne des Urheberrechtsgesetzes.
4. Personal in wissenschaftlichen Einrichtungen, zu dessen Aufgaben es arbeitsrechtlich zählt, wissenschaftliche Dienstleistungen zu erbringen, wird nicht Eigentümer der erzielten Ergebnisse.
5. Wird entnommenes Material auf seine genetische Beschaffenheit untersucht, geltende besonders strenge Anforderungen an den Umfang der Forschung, wenn die genetische Disposition des ehemaligen Trägers aber auch noch lebender Angehöriger damit verbunden ist. Dritte sind in entsprechende Verträge einzubinden.
6. Die Aufbewahrung und gegebenenfalls die Weitergabe des Materials sind vertraglich zu regeln.

Die Gewebespende in der Rechtsmedizin am Beispiel Hamburg

Klaus Püschel und Birgit Wulff

Humane Gewebetransplantate haben für die Patientenversorgung in Deutschland eine von der Öffentlichkeit kaum wahrgenommene zunehmende Bedeutung. Verbreitet präsent im öffentlichen Bewusstsein sind die lebensrettenden Möglichkeiten der Organspende, während die postmortale Gewebespende als Chance zur Verbesserung der Lebensqualität z. B. sehbehinderter Patienten weniger bekannt ist. Zur Förderung der postmortalen Gewebespende tragen neben der Diskussion in Medien und Fachkreisen vor allem konkrete Realisierungsprojekte wie am Hamburger Institut für Rechtsmedizin bei.

Wir beschreiben die Umsetzung der Regelungen des Gewebegesetzes (2007) in die tägliche Arbeit und schildern die erforderlichen Abläufe von der Ermittlung der Einschlusskriterien, der Analyse des Letzen Willens des Verstorbenen im Gespräch mit den Angehörigen bis zur Realisierung der Gewebespende und stellen aus unserer Sicht die Probleme dar, mit denen die Gewebespende derzeit in Deutschland konfrontiert ist.

I. Einleitung

Der alte Menschheitstraum, mit der Übertragung von Geweben Verstorbener lebenden Patienten eine Verbesserung ihrer Gesundheitssituation zu ermöglichen, konnte erstmals vor etwas über 100 Jahren mit der Übertragung der Hornhaut eines Verstorbenen auf einen erblindeten Patienten realisiert werden. Seitdem haben sich die Explantationstechnik und das Gewebebanking stetig fortentwickelt und

K. Püschel (✉) · B. Wulff
Institut für Rechtsmedizin, Universitätsklinikum Hamburg Eppendorf,
Butenfeld 34, 22529, Hamburg, Deutschland
E-Mail: pueschel@uke.de

B. Wulff
E-Mail: Birgit.Wulff@uke-hh.de

A. Wienke et al. (Hrsg.), *Rechtsfragen der Obduktion und postmortalen Gewebespende*,
MedR Schriftenreihe Medizinrecht, DOI 10.1007/978-3-642-29473-0_7,

Abb. 1 Augenhornhauttransplantat

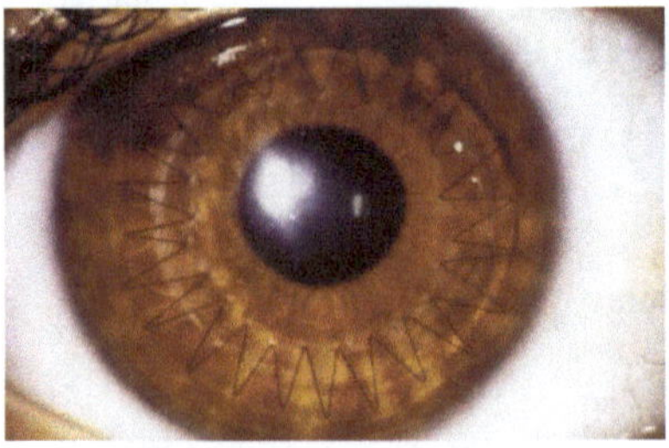

Abb. 2 Herzklappe

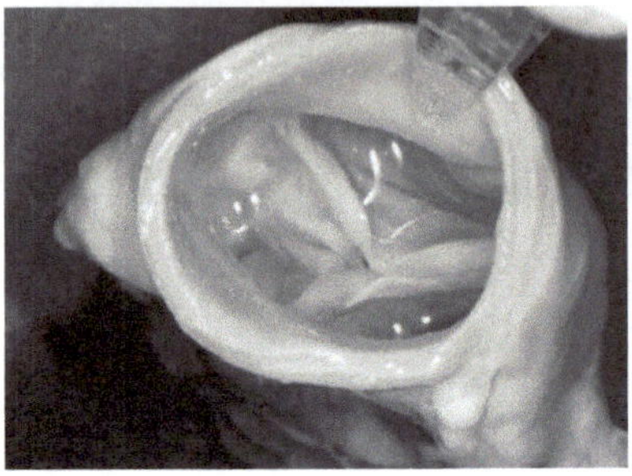

Therapieoptionen ermöglicht, die noch vor einigen Jahrzehnten undenkbar waren, z. B. in der Ophthalmologie, Unfallchirurgie und Kardiologie.

Wie ist nun die Situation der Gewebemedizin im Jahr 2011?

II. Aktuelle Situation in der BRD

Die altruistische Spende eines Verstorbenen oder Hirntoten ist in Deutschland durch das Transplantationsgesetz beziehungsweise Gewebegesetz in allen Einzelheiten geregelt. Die Gewebemedizin entwickelt sich stürmisch weiter; so werden jährlich ca. 30.000 Übertragungen muskuloskelettaler Gewebe und 5.000 Augenhornhauttransplantationen durchgeführt, benötigt wird aber z. B. mindestens die doppelte Anzahl an Hornhauttransplantaten. Besonders bedrückend ist der Mangel an zur Verfügung stehenden kardiovaskulären Geweben: Für den Bedarf von ca. 400 Herzklappentransplantaten pro Jahr steht allenfalls ein Viertel gespendeter Gewebe bereit, ähnlich stellt sich die Situation für Gefäßallografts dar. Das Spendeaufkommen ist im Gegensatz zu anderen europäischen Ländern nicht ausreichend, um den aktuellen nationalen Bedarf zu decken. In Deutschland wird zur Sicherstellung der Versorgung von Patienten von daher auf Importe zurückgegriffen, insbesondere aus EU- Staaten mit einer Widerspruchslösung zur postmortalen Gewebespende (Abb. 1, 2, und 3).

Abb. 3 Knochenchips (mit frdl. Genehmigung von DIZG)

Im Folgenden werden wir uns mit der Frage auseinandersetzen, wie diese Situation verbessert werden kann und beispielhaft das Hamburger Gewebespendemodell im Institut für Rechtsmedizin vorstellen.[1]

III. Die postmortale Gewebespende am Institut für Rechtsmedizin des Universitätsklinikums Hamburg- Eppendorf:

1. Rahmenbedingungen und historische Entwicklung

In das Hamburger Institut werden jährlich ca. 4000 Verstorbene verbracht, darunter sind ca. 1.200 Tote aus dem Universitätsklinikum, da das Institut die Leichenhallenfunktion nicht nur für ungeklärt Verstorbene aus dem Gebiet des Hamburger Stadtstaates, sondern auch für das Klinikum übernimmt.

Vor dem Inkrafttreten des Gewebegesetzes 2007 wurden im Rahmen eines besonderen Engagements jährlich bis zu 600 Hornhautspenden für die damals der Augenklinik zugehörige Hornhautbank ermöglicht. Durch die verstärkten Prozessanforderungen des Gewebegesetzes an den Spendeprozess kam es allerdings 2007/2008 zu einem Einbruch der Spendezahlen unter 200 Transplantate per anno. In der Folge konnte durch eine Anpassung der Organisationsstrukturen wieder eine Verbesserung und zusätzlich eine Ausweitung des Spendeprogramms erreicht werden. Aktuell ist zur Spende der Corneoskleralscheiben (derzeit 310 entnommene Hornhäute pro Jahr mit steigender Tendenz) die Spende muskuloskelettaler und kardiovaskulärer Gewebe hinzugekommen.

Der Ressourceneinsatz zur Realisierung postmortaler Gewebespenden an einem rechtsmedizinischen Institut ist allerdings beträchtlich: Zur Entnahme von Gewebe muss eine Personalplanung in Bezug auf die spezialisierten Ärzte und Techniker für die Schulung zur Entnahme der Gewebe und Rekonstruktion des Körpers vorgehalten werden. SOPs (Standard Operating Procedures) zu den standardisierten Verfahren sind Bestandteil der notwendigen behördlichen Genehmigungen. Darüber

[1] Püschel K, Montenero M, Edler C, Heinemann A, Wulff B (2011) Stiftung Europäische Gewebebanken, Jahresband 2010:31–34. Kovac Verlag Hamburg.

hinaus sind Verträge mit Gewebebanken und Kooperationspartnern erforderlich, z. B. zur Regelung von Schnittstellen und Verantwortungsabgrenzung.

2. *Module des Gewebespendeprozesses*

Betrachten wir nun den in Hamburg etablierten Prozess zur Spenderallokation, wie er in die Institutsroutine integriert ist und täglich mehrfach sowohl im Hinblick auf die Verstorbenen des Universitätsklinikums wie auch die ungeklärt/ unnatürlich Verstorbenen aus dem Hamburger Stadtgebiet abläuft[2]:

Bei Einlieferung eines Verstorbenen wird, sofern eine dokumentierte Todeszeit nicht bekannt ist, der Todeszeitpunkt mit Hilfe verschiedener Parameter bestimmt, unter anderem der muskulären Erregbarkeit des M. orbicularis oculi (Ringmuskel in der Augenumgebung). Liegt der Todeszeitpunkt weniger als 6 Stunden zurück und kann der Verstorbene innerhalb dieses Zeitfensters in eine kühle Umgebung verbracht werden, ist eine Spende grundsätzlich möglich. Für die Corneaspende gelten allerdings weniger strikte Einschlussbedingungen.

Durch eine orientierende Leichenschau und eine Sichtung der vorliegenden zugehörigen Dokumente können weitere Kriterien definiert werden. So schließt eine Krebserkrankung zum Beispiel eine muskuloskelettale oder kardiovaskuläre Spende aus. Auch äußere Befunde an der Leiche wie Nadeleinstichstellen oder unprofessionelle Tattoos führen zum Ausschluss, da hier eine besondere Gefährdung des Transplantatempfängers durch übertragbaren Infektionskrankheiten wie z. B. Hepatitis B/C gegeben sein könnte.

Im Rahmen der weiteren Prüfung der Möglichkeiten einer postmortalen Spende muss die obligate Untersuchung der Infektionsserologie des Verstorbenen durch eine Blutentnahme innerhalb von 24 Stunden post mortem gewährleistet sein (Tab. 1).

Liegen diese Einschlusskriterien vor, folgt die Analyse des Letzten Willens des Verstorbenen in Bezug auf die mögliche Spende: Eine Willenserklärung gegenüber den nächsten Angehörigen zu Lebzeiten gilt ebenso wie die letztwillige Verfügung durch einen Spendeausweis oder ein anderes Dokument. Im Angehörigengespräch, bei dem die im Transplantationsgesetz festgelegte Hierarchie des Totensorgerechts zu berücksichtigen ist, wird insbesondere der Aspekt betont, dass eine Entscheidung im Wertesystem des Verstorben, nicht der Angehörigen, begründet sein soll.

Eine Aufklärung der Angehörigen über alle mit der Spende verbundenen Prozeduren erfolgt ergebnisoffen und ohne psychologischen Druck, denn das vom Gesetz geforderte „Informierte Einverständnis“ kann nur auf dieser Grundlage gegeben werden. Im Gespräch wird darüber hinaus anhand der gesundheitlichen Vorge-

---

[2] Karbe T, Wulff B, Jakob S, Heinemann A, Kammal M, Püschel K, Montenero M, Parzeller M (2007) Das neue deutsche Gewebegesetz unter Berücksichtigung des TPG- Gewebeverordnungsentwurfs hinsichtlich praktischer Umsetzung der postmortalen Gewebespende. Rechtsmedizin 6: 380–386.

Tab. 1 Voraussetzungen für eine postmortale Spende

Definitiver Todeseintritt (Hirntodfeststellung erforderlich?)/Kühlung < 6 h pm
Ausschlusskriterienbezogene äußere Leichenschau
Medizinisch - soziale Anamnesedaten (z. B. Risikogruppe?)
Freigabe durch die Ermittlungsbehörden
Infektionsserologie < 24 h pm
Letztwillige Verfügung i. S. des „Informierten Einverständnisses" (Spendeausweis oder Mitteilung der Angehörigen)

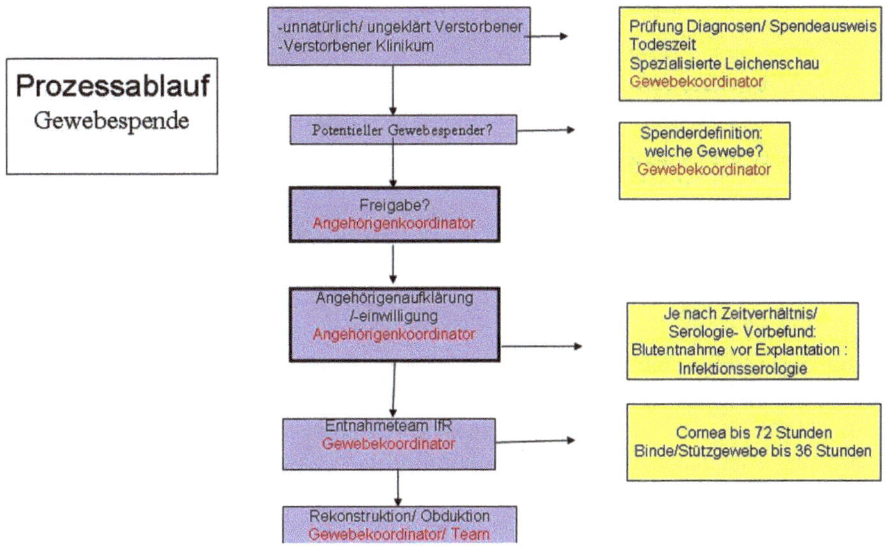

Abb. 4 Prozessablauf postmortale Gewebespende

schichte definiert, welche Gewebe gespendet werden können. Üblicherweise werden dafür ergänzend Angaben des vorbehandelnden Arztes benötigt.

Das Angehörigengespräch hat nach unserem ärztlichen Selbstverständnis aber nicht nur den Sinn, eine Entscheidung in Bezug auf die Gewebespende zu herbeizuführen, sondern vor allem Beratung und Trost beim Tod eines nahen Angehörigen anzubieten.

Die postmortalen Zeitgrenzen für eine Spende liegen bei 72 Stunden für die Corneaspende und 36 Stunden für die muskuloskelettale und kardiovaskuläre Spende. Innerhalb dieses Zeitfensters muss die Spende erfolgt und die vorhergehenden Module abgearbeitet sein. Man kann sich vorstellen, dass dafür angesichts des Zeitdrucks eine gut funktionierende Organisationsstruktur erforderlich ist.

Bei unnatürlich/ungeklärt Verstorbenen kann eine Spende erst nach der Freigabe durch die Ermittlungsbehörden erfolgen, zu denen in Hamburg ein guter kooperativer Kontakt besteht. Um die o.g. Zeitfenster einhalten zu können, sind gelegentlich vorzeitige Teilfreigaben erforderlich (Abb. 4).

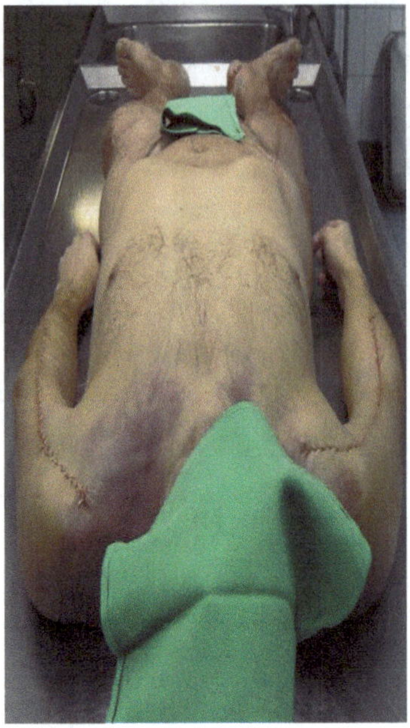

Abb. 5 Gewebespender nach der Rekonstruktion

Die eigentliche Gewebeentnahme wird von einem speziell weitergebildeten rechtsmedizinischen Team aus Ärzten und Präparatoren vorgenommen. Ein wesentlicher Bestandteil dabei ist die fachgerechte Rekonstruktion der Entnahmeorte, sodass der Verstorbene nach der Spende im offenen Sarg aufgebahrt werden kann (Abb. 5).

Der skizzierte Ablauf bezieht sich auch auf die Verstorbenen des Universitätsklinikums. Hierfür wurde 2010 eine Mitarbeiterin des Instituts für Rechtsmedizin als Vorstandsbeauftragte für Gewebespende bestellt. Grundlage ist der § 11 TPG:

> Die Transplantationszentren und andere Krankenhäuser sind verpflichtet.....Patienten, die nach ärztlicher Beurteilung als Spender vermittlungspflichtiger Organe in Betracht kommen, dem Transplantationszentrum mitzuteilen...Kommen diese Patienten zugleich als Gewebespender in Betracht, ist dies gleichzeitig mitzuteilen.

Nach der Spende werden die Gewebe der zuständigen Gewebebank übergeben. Die Augenhornhäute werden in der Corneabank des Instituts für Rechtsmedizin kultiviert, muskuloskelettale Spenden dem Deutschen Institut für Zell- und Gewebeersatz (DIZG gGmbH) und kardiovaskuläre Spenden der Gewebebank des Deutschen Herzzentrums Berlin beziehungsweise der Gewebebank des Herz- und Diabeteszentrums Bad Oeynhausen zugeschickt. Intensive Kooperationen bestehen darüber hinaus mit der Deutschen Stiftung Organtransplantation (DSO) und der Deutschen Gesellschaft für Gewebetransplantation (DGFG).

Erst in der Synopse aller in Bezug auf den Spender erhobenen Befunde, insbesondere auch der Infektionsserologie und der mikrobiologischen Situation des Transplantats, können am Abschluss des Spendeprozesses die Gewebe zur Transplantation freigegeben werden.

Zum Hamburger Modell der postmortalen Gewebespende gibt es – abgesehen von der vielerorts praktizierten Corneaspende – an anderen rechtsmedizinischen Instituten lediglich in München eine vergleichbare Organisationsstruktur.

IV. Probleme, Organisations- und Regelungsbedarfe der postmortalen Gewebespende

Das Gewebegesetz hat in Anlehnung an das europäische Recht mit der Orientierung am Primat der Transplantatsicherheit prozessierten Gewebetransplantaten wie z. B. Knochenspongiosa den Status eines Arzneimittels zugeschrieben.

An dieser Stelle setzt eine grundlegende Kritik am Gewebespendeprozess an: Im Gegensatz zur Organspende, bei der sämtliche Abläufe lediglich dem Aufwand nach entschädigt werden, ist also bei der Gewebespende eine Gewinnerzielung für pharmazeutische Unternehmen möglich. Aus unserer Sicht hat sich damit ein ethisches Dilemma aufgetan, das der altruistischen Motivation des Spenders nicht gerecht wird. Wir lösen diese Problematik dadurch, dass wir die Gewebespende auf einer strikten non-profit Basis organisieren.

Der im Transplantationsgesetz formulierten Verpflichtung zum Erkennen potentieller Spender, z. B. den Inhabern von Organ- und Gewebespendeausweisen, wird in Deutschland weder in Kliniken noch in Institutionen der Leichenschau bzw. durch die Hausärzte regelhaft nachgekommen. Hier liegt eine wesentliche Wurzel des aktuellen Transplantatmangels. Würden alle potentiellen Spender identifiziert werden, könnte in Deutschland eine nationale Versorgung ähnlich der Blutspende angestrebt werden. Dem hat der Deutsche Ärztetag 2011 mit der Verabschiedung einer Entschließung zur Förderung der postmortalen Gewebespende Rechnung getragen, in der es heißt:

> Der Mangel an Spenderorganen ist im öffentlichen Diskurs fast täglich präsent. Mit der Novellierung des Transplantationsgesetzes werden weitere Maßnahmen eingeleitet, um hier Abhilfe zu schaffen.
> Bei dieser Gelegenheit sollten aber auch Klarstellungen in Bezug auf die postmortale Gewebespende getroffen werden, denn hier fehlt es an praxistauglichen Regelungen, obwohl schon jetzt jährlich mehr als 30.000 Gewebetransplantationen in Deutschland durchgeführt werden. Dies betrifft in erster Linie Augenhornhäute, aber auch Binde- und Stützgewebe, Herzklappe, Blutgefäße usw.
> Der konkret existierende Mangel an Gewebetransplantaten ist z. Zt. aufgrund von Importen wenig spürbar. Diese wären allerdings überflüssig, wenn durch Politik und Ärzteschaft die Voraussetzungen zur Realisierung von allen letztwilligen Verfügungen zur Gewebespende geschaffen werden würden. Es fehlen Aufklärungskampagnen (Bundeszentrale für gesundheitliche Aufklärung), ausdifferenzierte Regelungsinstrumente wie Spenderregister, flächendeckende Schaffung von Gewebeeinrichtungen und analog zum Transplantationsbeauftragten Gewebebeauftragte an Kliniken.
> Innerhalb der Ärzteschaft kann die Bereitschaft zur Wahrnehmung des Letzten Willens Verstorbener verbessert werden, z. B. wenn sie Inhaber eines Organ- und Gewebespendeausweises waren.[3]

[3] 114. Deutscher Ärztetag 2011, Ärztetagsdrucksache I-25.

Ein zweites Hindernis liegt im geringen Bekanntheitsgrad der Möglichkeiten der postmortalen Gewebespende im Bewusstsein der Öffentlichkeit. Die damit beauftragten Institutionen, z. B. Krankenversicherungen und die Bundeszentrale für gesundheitliche Aufklärung, kommen dieser Verpflichtung in unterschiedlicher, bisher aber nicht ausreichend wahrgenommener Weise nach. In der Folge ist Deutschland ein Importland für Gewebespenden aus dem Ausland geworden, ein folgerichtiges Phänomen, das im öffentlichen Diskurs nicht präsent ist.

Lösungen für diese Problematik zu entwickeln bleibt angesichts der ständig verbesserten Möglichkeiten der Gewebemedizin ein Auftrag, der nur in Zusammenarbeit aller beteiligten Institutionen erfolgreich bewältigt werden kann.

Die Deutsche Gesellschaft für Rechtsmedizin hat hierzu bereits im Jahr 2009 ein Positionspapier entwickelt,[4] in dem es heißt:

> Erforderlich ist – einmal mehr – ein Anstoß des gesellschaftliches Diskurses zu Fragen des Umgangs mit dem Körper nach dem Tod. Dafür muß zuerst das „Noli me tangere" überwunden werden, das nicht nur in der Bevölkerung, sondern auch im Medizinbereich weit verbreitet ist. Es wird deutlich, dass dieses Thema auch die Rechtsmedizin tangiert. Die hier tätigen Ärzte sind täglich mit Verstorbenen konfrontiert, sie stehen an der Schnittstelle von Medizin, Gesetz und, wenn man an die Gewebespende denkt, medizinischer Versorgung. Täglich versterben in Deutschland viele Menschen, die einen Organ- und Gewebespendeausweis bei sich tragen…, ohne dass es möglich ist, ihren Letzten Willen umzusetzen. Die Information darüber gelangt nicht regelmäßig an die zuständigen Ärzte, und häufig fehlt noch die erforderliche Organisationsstruktur an den Krankenhäusern und Instituten.

Im zitierten Positionspapicr wird darüber hinaus auf die Bedeutung der postmortalen Gewebespende nicht nur für transplantationsbedürftige Patienten, sondern auch für Aus- und Weiterbildung sowie Forschung und Lehre hingewiesen.

V. Fazit

Welche Regelungen gefunden werden können, um die Situation der Gewebespende in Deutschland zu verbessern, bleibt auch eine Frage der politischen Willensbildung, die den Regelungsbedarf derzeit aber nicht ausreichend erkennbar bearbeitet. Zu nennen wäre hier das bereits im Transplantationsgesetz angedachte zentrale Spenderegister, das sich in den Niederlanden bereits bewährt hat. Datenschutzrechtliche Belange werden dabei mit den Möglichkeiten des schnellen Datenzugriffs im Todesfall eines potentiellen Spenders abzuwägen sein.

Das sich aktuell in Deutschland entwickelnde Netzwerk der Einrichtungen, die sich die Verpflichtungen des § 11 des TPG in Bezug auf die postmortale Gewebespende zur Aufgabe gemacht haben, hier sei als integrativ tätige Organisation beispielhaft die Stiftung Europäische Gewebebanken genannt, wird diese Entwicklung beschleunigen und den Entscheidungsträgern kompetente Konzepte an die Hand geben.

„Mortui vivos docent"

---

[4] Püschel K, Bratzke H, Graw M, Wulff B (2010): Positionspapier der Deutschen Gesellschaft für Rechtsmedizin zur Förderung der postmortalen Gewebespende. Rechtsmedizin 20(1):61–62.

Von der erweiterten Zustimmungs- zur Widerspruchslösung in der postmortalen Gewebespende – Thesen zur Diskussion

Wolfram Höfling

I. Problemaufriss

Überlegungen zum regulatorischen Umgang mit Gewebespenden[1] bewegen sich in einem weit abgesteckten Rahmen theoretischer Modellpluralität: Von einer doppelten Zustimmungslösung, die die explizite Zustimmung des Spenders selbst sowie zusätzlich von (rechtlicher näher bestimmten) Angehörigen verlangt, bis hin zu erweiterten Widerspruchslösungen und sog. Notstandslösungen (s. für eine Übersicht den Anhang sub IV.). Die geltende Rechtslage zur Spende von Organen und Gewebe in Deutschland erweist sich insgesamt als kompromisshaft und inkonsistent (im Folgenden 1.). Sie begegnet darüber hinaus zum Teil erheblichen verfassungsrechtlichen Bedenken (im Folgenden sub 2.).

1. Zum kompromisshaften inkonsistenten Charakter des geltenden Rechts

Das Transplantationsgesetz ist bis heute gekennzeichnet durch einen den Entstehungsbedingungen Mitte der 90er Jahre geschuldeten politischen Kompromiss: Die Etablierung des Hirntodkonzepts,[2] das damals (und erneut aktuell) zu erheblichen Kontroversen geführt hatte,[3] wurde gleichsam kompensiert durch eine überaus

[1] Der Begriff des Gewebes hier im umfassenden, d. h. auch Organe einschließenden Sinne; zur komplizierten Terminologie siehe § 1 und 1a TPG.

[2] Dazu noch im folgenden 2.

[3] Zur Diskussion der damaligen Zeit siehe Wolfram Höfling/Stephan Rixen, Verfassungsfragen der Transplantationsmedizin, 1996; eingehend Stephan Rixen, Lebensschutz am Lebensende, 1999.

W. Höfling (✉)
Lehrstuhl für Staats- und Verwaltungsrecht, Finanzrecht sowie Gesundheitsrecht,
Institut für Staatsrecht, Universität zu Köln,
Albertus Magnus Platz, 50923 Köln, Deutschland
E-Mail: sekretariat@institut-staatsrecht.de

A. Wienke et al. (Hrsg.), *Rechtsfragen der Obduktion und postmortalen Gewebespende,*
MedR Schriftenreihe Medizinrecht, DOI 10.1007/978-3-642-29473-0_8,

restriktive Regelung zur sog. Lebendorganspende.[4] Hinzu kommen erhebliche Inkonsistenzen etwa im Blick auf das Nachweisverfahren zur Feststellung des Todes bei der Entnahme von Geweben (i. e. S.),[5] aber auch etwa eine Regelung wie § 8a Abs. 1 Nr. 4 und Nr. 5 TPG, die die Entnahme von Knochenmark an die doppelte Zustimmung des gesetzlichen Vertreters und des einsichtsfähigen Minderjährigen knüpft.

2. *Durchgreifende verfassungsrechtliche Bedenken gegen das Hirntodkonzept*

Insgesamt lastet auf dem – auch (bloßes) Gewebe erfassenden – Transplantationsgesetz als schwerste Hypothek aber die Grundierung der postmortalen Organspende auf dem Hirntodkonzept. Auch wenn die trickreiche Regulierungsstrategie des § 3 TPG, der in Abs. 1 Nr. 2 zunächst als Entnahmevoraussetzung die Feststellung des Todes verlangt, dann aber zusätzlich in Abs. 2 Nr. 2 als Mindestentnahmevoraussetzung die Feststellung des Hirntodes vorschreibt, dies nicht offenlegt, folgt das Transplantationsgesetz mit dieser Regelung und der Zuweisung einer entsprechenden Richtlinienkompetenz an die Bundesärztekammer (§ 16 Abs. 1 Nr. 1 TPG) der herrschenden medizinischen Auffassung von der Gleichsetzung von Hirntod und Tod des Menschen.

Diese Gleichung geht indes in verfassungsrechtlicher Perspektive nicht auf.[6] Die inzwischen in der deutschen Verfassungsrechtslehre durchaus verbreitete Kritik ist hier nicht zu wiederholen. Allerdings dürfte es wenig sinnvoll sein, Überlegungen zu einer Ausweitung der postmortalen Gewebespende (Gewebe hier im Sinne von § 1a Nr. 4 TPG) in ein dermaßen „belastetes" normatives Umfeld einzubetten.

II. Das grundrechtliche Koordinatensystem für eine Regulierung der postmortalen Gewebespende

Wie und wo auch immer regelungssystematisch Überlegungen zu einer Neuordnung der postmortalen Gewebespende „verortet" werden sollen, bedarf es der Berücksichtigung der einschlägigen grundrechtlichen Vorgaben. Diese lassen sich wie folgt skizzieren.

---

[4] Siehe hierzu nur die Kritik von Thomas Gutmann, Für ein neues Transplantationsgesetz, 2006, S. 3 ff.

[5] Dazu die Ausführungen von Parzeller in diesem Band.

[6] Zur Kritik siehe bereits Wolfram Höfling, Um Leben und Tod, JZ 1995, 26 ff.; unter Einbeziehung der jüngsten Diskussionen siehe dens., Der Tod als Grenze des Schutzguts „Leben" in Art. 2 Abs. 2 Satz 1 GG, in: Festschrift für Klaus Stern, 2012, S. 1403 ff.

1. Die Empfängerseite

Nach einem – zutreffenden – engen Verständnis grundrechtlicher Schutzpflichten, wonach eine entsprechende Intervention des Staates einen privaten Übergriff in ein grundrechtliches Schutzgut voraussetzt, lässt sich die therapeutisch motivierte hoheitliche Regulierung der Gewebe- und Organspende nicht als Erfüllung einer grundrechtlichen Schutzpflicht verstehen.[7] Möglicherweise könnte erwogen werden, insoweit die leistungsrechtliche Dimension der Grundrechte zu aktivieren. Insoweit hat das Bundesverfassungsgericht aus Art. 1 Abs. 1 GG in seiner sog. Hartz-IV-Entscheidung einen Anspruch auch auf eine der Menschenwürdegarantie gerecht werdende Gesundheitsversorgung hergeleitet.[8] Indes umfasst eine derartige grundrechtliche Position jedenfalls nicht über die geltende Rechtslage hinausreichende Ansprüche auf eine bestimmte Regulierung der Gewebe-/Organgewinnung.

Damit verbleibt es letztlich bei einer sozialstaatslegitimierten Grundlegung einer Intervention des Staates auf dem Gewebe-/Organ „markt".[9] Darüber hinaus kommen für die Gewebespende im Kontext der Rechtsmedizin auch noch weitere Legitimationsaspekte in Betracht.[10]

2. Die Spenderseite

Im Blick auf den Spender eines Organs oder eines Gewebes ist die Ausgangslage in verfassungsrechtlicher Hinsicht klar: Wenn und soweit ein Spender zu Lebzeiten über Körpersubstanzen verfügt oder Dritte hierzu ermächtigt hat, ist diese Akt Ausdruck des – antizipativen – Selbstbestimmungsrechts über die leiblich-seelische Integrität, das als dynamisches Gewährleistungselement durch Art. 2 Abs. 2 Satz 1 GG geschützt wird.[11] Für die Gewebespende ist dabei zu beachten, dass die – etwa auf einem Organspendeausweis erklärte – Einwilligung in eine Organtransplantation (z. B. Leber) nicht automatisch die Zustimmung zur Spende des Gewebes des betreffenden Organs (z. B. Leberzellen) zur kommerziellen Verwendung umfasst. Schließlich: Liegt eine explizite Legitimation durch den Spender selbst nicht vor und lässt sich auch ein entsprechender mutmaßlicher Wille nicht aufgrund hinreichend

[7] Dazu allgemein Josef Isensee, Das Grundrecht als Abwehrrecht und Schutzpflicht, in: Isensee/Kirchhof (Hrsg.), Handbuch des Staatsrechts, Bd. IX, 3. Aufl. 2011, § 191 Rn. 217 ff.; für den konkreten Kontext näher Winfried Kluth/Birgit Sander, Verfassungsrechtliche Aspekte einer Organspendepflicht, DVBl. 1996, 1285 (1289 f.).

[8] BVerfGE 125, 175 (223) unter Bezugnahme auf BVerfGE 120, 125 (155 f.).

[9] Siehe auch Kluth/Sander, DVBl. 1996, 1285 (1290).

[10] Vgl. auch Brigitte Tag, Gedanken zur Zulässigkeit von Sektionen, in: FS Laufs, 2006, S. 1079 ff.

[11] Siehe dazu auch BVerfGe 89, 120 (130): „Freiheitsrecht"; näher hierzu auch Wolfram Höfling, Salus aut/et voluntas aegroti suprema lex – Verfassungsrechtliche Grenzen des Selbstbestimmungsrechts, in: Wienke/Eberbach/Kramer/Janke (Hrsg.), Die Verbesserung des Menschen, 2009, S. 119 (120 f.).

konkreter Anhaltspunkte ermitteln, so bedeutet die legislatorische Ermöglichung der Gewebe-/Organentnahme einen Eingriff in grundrechtliche Schutzgüter.

Folgt man in der normativen Weichenstellung des Hirntodkonzepts dem TPG,[12] so stellt sich die Frage nach dem grundrechtlichen Schutzgut auf der sog. Spenderseite wie folgt:

- Denkbar wäre es zunächst, insoweit auf die körperliche Unversehrtheit i. S. v. Art. 2 Abs. 2 Satz 1 GG abzustellen. Indes wird man dieses grundrechtliche Schutzgut in Parallelisierung zum in der gleichen Norm garantierten Schutzgut „Leben" mit dem Eintritt des Todes als nicht mehr einschlägig qualifizieren müssen.
- Es bleibt insoweit allein beim sog. postmortalen Persönlichkeitsrecht.[13] Das Bundesverfassungsgericht verankert dieses in Art. 1 Abs. 1 GG.[14] In der Literatur wird es zum Teil auch dem Gewährleistungsbereich des Art. 2 Abs. 1 i. V. m. Art. 1 Abs. 1 GG zugeordnet.[15] Dabei ist zu bedenken, dass die Rückbindung allein an Art. 1 Abs. 1 GG zwangsläufig zur Folge hat, dass die betroffenen „Spender" lediglich gegen fundamentale, gleichsam tabuverletzende Einwirkungshandlungen geschützt sind. Insoweit erscheint mir durchaus zweifelhaft, ob etwa die Entnahme von Gehörknöchelchen auf der Grundlage einer Widerspruchslösung tatsächlich als eine Menschenwürdeverletzung charakterisiert werden kann.
- Es liegt deshalb nahe, das postmortale Persönlichkeitsrecht als Ausdruck des allgemeinen Persönlichkeitsrechts zu begreifen und den (toten) Körper als Repräsentanz des Selbstbildes der Person.[16]

3. Grundrechte der Angehörigen?

Eigene Grundrechtspositionen von Angehörigen dürften im Blick auf erwachsene Spender nur in spezifisch gelagerten Konstellationen zu begründen sein. In Betracht kommen insoweit besondere religiöse oder weltanschauliche Positionen (Art. 4 Abs. 1 GG). Anders ist dies zu beurteilen für das Verhältnis von Eltern zu ihren Kindern (Art. 6 Abs. 2 GG).

---

[12] Dazu, daß meine Position eine andere ist, siehe bereits vorstehend.

[13] Anders bei der sog. Widerspruchslösung, die dem Lebenden schon eine Erklärungslast auferlegt; siehe dazu etwa Henning Rosenau, Die Widerspruchslösung in der Transplantationsmedizin als rechtliche Möglichkeit, in: Lilie/Rosenau/Hakeri (Hrsg.), Die Organtransplantation – Rechtsfragen bei knappen medizinischen Ressourcen, 2011, S. 61 (67 ff.).

[14] Siehe BVerfGE 30, 173 (194); BVerfG (K), 2001, 594 und 2957 (2958 f.).

[15] Siehe z. B. Udo Di Fabio, in: Maunz/Dürig, Art. 2 Abs. 2 Rn. 22; zum Problem Wolfram Höfling, in: Sachs (Hrsg.), GG-Komm., 6. Aufl. 2011, Art. 1 Rn. 61.

[16] Siehe auch Giovanni Maio, Mittelpunkt Mensch: Ethik in der Medizin, 2012, S. 283: „der Körper als Austragungsort der menschlichen Identität".

III. Einzelne Regulierungsmodelle auf dem Prüfstand

1. Problemabschichtung und Problemstrukturierung

Eine sog. Notstandslösung wird man nicht nur im Blick auf die Gewinnung von Organen, sondern auch für Gewebe im engeren Sinne als unzulässig einstufen können. Ein „Körperzugriffsrecht" des Staates ist inakzeptabel.

Im Übrigen muss sich der sozialstaatlich motivierte Gesundheitsgewährleistungsstaat bei der Regulierung der Gewebe-/Organspende der verfassungsrechtlichen Abwägungsrelationen bewusst sein.[17] Wichtige Abwägungskriterien sind dabei:

- Je stärker die Integritäts-/Autonomieinteressen des sog. Spenders beeinträchtigt werden, umso gewichtiger müssen die „Gegengründe" sein.
- Die Rangstufe der Gegengründe ist ihrerseits umso höher, je stärker die Organ-/Gewebegewinnung der Befriedigung eines konkreten Heilungsinteresses dienen soll.
- Sie ist andererseits umso niedriger, je schwächer die Konnexität von Gewebe-/Organgewinnung einerseits und Gesundheitsschutz andererseits ausgeprägt ist (z. B. Crash-Tests) oder wegen (ausschließlich) kommerziellen Interessen gar nicht besteht.

2. Im Einzelnen

a. Widerspruchsmodelle

Widerspruchsmodelle (opt-out-Modelle) unterliegen jedenfalls dann keinen prinzipiellen Bedenken, wenn

1. konkrete Gesundheitsinteressen von erheblichem Gewicht als Gegengründe verfolgt werden sollen,
2. eine autonomieermöglichende und -sichernde – und das heißt: angemessen informationshaltige – Aufklärung gewährleistet ist.

Dies gilt in besonderem Maße für die Entnahme von Gewebe/Organen auf der Grundlage der Hirntoddiagnostik. Hier bedarf es einer umfassenden individualbezogenen Information.

b. Informations- und Entscheidungslösungen

Informations- und Entscheidungslösungen bedürfen ebenfalls einer zwingenden autonomiesichernden Aufklärung und unterliegen im übrigen, wenn sie als

---

[17] Vgl. auch schon Kluth/Sander, DVBl. 1996, 1285 (1291 f.).

Widerspruchsmodelle ausgeformt sind, den vorstehend genannten Bedingungen.[18] Sie können je nach Ausgestaltung unterschiedlich intensiv das Selbstbestimmungsrecht über die leiblich-seelische Integrität[19] beeinträchtigen. Die Veränderung der Erklärungsumstände, das Maß der „Entprivatisierung", der öffentliche (moralische) Druck in eine bestimmte Entscheidungsrichtung können in der Summe der „framing-Effekte"[20] durchaus eine unzulässige Grundrechtsbeeinträchtigung bewirken.[21]

IV. Anhang: Theoretische Modellpluralität von Regelungen zur Gewebe-/Organspende

1. *Doppelte Zustimmungslösung*
   Explizite Zustimmung des Spenders selbst sowie zusätzlich von (rechtlich näher bestimmten) Angehörigen (vgl. auch § 8a Abs. 1 Nr. 4 und Nr. 5 TPG)
2. *Kombinierte Zustimmungslösung*
   Explizite Zustimmung des Spenders und fehlender Widerspruch der Angehörigen
3. *Sogenannte enge Zustimmungslösung*
   Explizite Einwilligung des Spenders
4. *Sogenannte erweiterte Zustimmungslösung*
   - 4.1. *Botenlösung*: Wenn eine explizite Einwilligung des Spenders fehlt, reicht es, wenn Angehörige den mutmaßlichen Willen des Spenders übermitteln
   - 4.2. *Angehörigenlösung*: Subsidiäres eigenes Entscheidungsrecht der Angehörigen (vgl. § 4 Abs. 1 S. 4 TPG)
   - 4.3. *Sonderfälle*: § 4a, 5 Abs. 3 TPG: Spende fötalen bzw. embryonalen Gewebes: Zustimmung der Mutter erforderlich; § 8a TPG: Knochenmarkspende
5. *Sogenannte Informationslösung*
   Konfrontation mit der Gewebe-/Organspendethematik
6. *Sogenannte Entscheidungslösung*
   Die Konfrontation der Gewebe-/Organspendeproblematik wird gekoppelt mit dem Zwang zu einer bestimmten Entscheidung
7. *Sogenannte (einfache) Widerspruchslösung*
   Die Spendebereitschaft wird nur für den Fall einer expliziten Ablehnung durch den Betroffenen selbst ausgeschlossen

---

[18] Zu den unterschiedlichen Modellen siehe noch nachfolgend die Übersicht unter sub IV.

[19] Dazu oben bei Fn.

[20] Siehe dazu Rosenau (Fn. 13), S. 73 ff.

[21] Instruktiv hierzu Weyma Lübbe, Stellungnahme zur Öffentlichen Anhörung des Ausschusses für Gesundheit „Ethische und rechtliche Aspekte von Organspenden" am 29. Juni 2011, in: Deutscher Bundestag, Ausschuß für Gesundheit, Ausschuß-Drs. 17 (14) 0148 (6).

8. *Erweiterte Widerspruchslösung*
   Denkbar als Boten- oder Angehörigenlösung
9. *Sogenannte Notstandslösung*
   Von Einwilligung – oder auch Widerspruch – unabhängiges Zugriffsrecht im Interesse der Lebens-/Gesundheitsinteressen Dritter
10. *Reziprozitätsmodelle*
    Verknüpfung von Beschaffungs- und Zuteilungsebene
    In Kombination mit 5) oder 6).

Der Nachweis des Todes vor der postmortalen Gewebespende – Kritische Analyse des Gesetzeswortlautes de lege lata und de lege ferenda

Markus Parzeller

I. Einleitung

Organe und Gewebe können sowohl postmortal[1] also nach dem Tod eines Spenders (§§ 3–7 TPG; vgl. Tab. 2) als auch zu dessen Lebzeiten als Lebendspende[2] (§§ 8–8c TPG) gespendet werden. In der Bundesrepublik Deutschland besteht ein Mangel an Organen und Gewebe, da nicht genügend Spender für eine postmortale Organ- oder Gewebespende zur Verfügung stehen. Die Anzahl schwer erkrankter Patienten auf der Warteliste, die dringend ein Spenderorgan, wie ein Herz, eine Niere oder eine Leber benötigen, wird mit ca. 12.500 angegeben. Zudem wird geschätzt, dass jährlich etwa 1.000 auf der Warteliste registrierte Patienten an ihrer Erkrankung versterben, bevor eine lebensrettende Transplantation stattfinden konnte.[3]

Dem Organ- und Gewebemangel steht andererseits eine hohe mündlich geäußerte Spendebereitschaft der Bevölkerung gegenüber. Befragungen ergeben, dass ca. 74 % der Bevölkerung zur Organspende bereit wären und 25 % im Besitz eines Organspendeausweises seien sollen.[4] Als Gründe[5] für die Diskrepanz zwischen

Bei dem Beitrag handelt es sich um eine modifizierte und aktualisierte (Stand Dezember 2011) Fassung eines Vortrages bei einem Workshop der Deutschen Gesellschaft für Medizinrecht zum Thema „Rechtsfragen der Obduktion und postmortalen Gewebespende" vom 14.–16.10.2011 in Köln.

[1] Bundesregierung, Gesetzentwurf, BR-Drs. 457/11 S. 25: In 2010 fand nach Angaben der DSO (Deutsche Stiftung Organtransplantation) die Entnahme von 4205 Organen postmortal statt.

[2] Bundesregierung, Gesetzentwurf, BR-Drs. 457/11 S. 25: In 2010 wurden nach Angaben der DSO 755 Lebendorganspenden durchgeführt.

[3] Zahlenangaben nach Beschluss des Bundesrates vom 23.09.2011, BR-Drs. 457/11 S. 2.

[4] Zahlenangaben nach Beschluss des Bundesrates vom 23.09.2011, BR-Drs. 457/11 S. 2.

[5] Beschluss des Bundesrates vom 23.09.2011, BR-Drs. 457/11 S. 2.

M. Parzeller (✉)
Institut für Rechtsmedizin, Klinikum der Johann Wolfgang Goethe-Universität,
Kennedyallee 104, 60594 Frankfurt Main, Deutschland
E-Mail: parzeller@em.uni-frankfurt.de

A. Wienke et al. (Hrsg.), *Rechtsfragen der Obduktion und postmortalen Gewebespende,*
MedR Schriftenreihe Medizinrecht, DOI 10.1007/978-3-642-29473-0_9,

geäußerter Spendebereitschaft auf der einen und einem Mangel an Organen und Geweben auf der anderen Seite werden u. a. angeführt:

- die derzeit geltende, gesetzlich vorgeschriebene Einwilligungsform der erweiterten Zustimmungslösung (vgl. §§ 3 ff. TPG)[6],
- die Überforderung von Angehörigen mit der Entscheidung zur Organ- und Gewebespende aufgrund der Parallelität dieser Entscheidung mit der Mitteilung über den oft plötzlichen und unerwarteten Todeseintritt eines nahen Verwandten sowie
- fehlende finanzielle Anreize und die organisatorische Mehrbelastung in den Entnahmekrankenhäusern.

Umstritten war und ist zudem die Feststellung des Todes vor einer postmortalen Organ- und Gewebeentnahme durch das Kriterium des Gesamthirntodes[7]. Neue medizinische Erkenntnisse und Untersuchungen lassen derzeit die Debatte um das Kriterium des Hirntodes wieder aufleben.[8] Sowohl die Frage, ob der Hirntod mit dem Individualtod gleichgesetzt werden kann, als auch das medizinische Prozedere zu dessen sicherer Feststellung sind u. a. nach dem Bericht des President's Council on Bioethics[9] und dem Report der Amerikanischen Akademie für Neurologie[10] durchaus offen. Zweifel bestehen demzufolge an der Gleichsetzung von Gesamthirntod und Individualtod. Ebenfalls soll es an evidenzbasierten Verfahren zur Feststellung des Hirntodes fehlen.[11]

---

[6] Ausführlich siehe Höfling, *in diesem* Buch S. 97 ff., Einbecker Empfehlungen des Präsidiums der Deutschen Gesellschaft für Medizinrecht, Okt. 2011, http://www.medizin.uni-koeln.de/dgmr/empfehlungen/empfl8.shtml, Abrufdatum 15.12.2011: erweiterte Widerspruchslösung für die postmortale Gewebespende, in diesem Buch S. 125; Darstellung der unterschiedlichen Einwilligungs-, Zustimmungs- und Widerspruchsmodelle siehe Parzeller, In: Pühler, Middel, Hübner (Hrsg.) Praxisleitfaden Gewebegesetz, 2009, S. 73 (75) m.w.N.; Parzeller, Zedler, Rechtsmedizin 2007, 261.

[7] Zum Diskussionsstand zur Hirntoddebatte bis 2005 vgl. Oduncu. In: Schroth, König, Gutmann, Oduncu (Hrsg.) TPG, 2005, Einl. Rn. 76 ff.; Parzeller, KritV 2004, 397 (402 ff. m.w.N.); Höfling, Rixen. In: Höfling (Hrsg.) TPG-Kommentar 2003, § 3 Rn. 11 ff.; in der Schmitten. In: Höfling (Hrsg.) TPG-Kommentar 2003, Anhang zu § 3 Rn. 36 ff.; Haupt. In: Höfling (Hrsg.) TPG-Kommentar 2003, Anhang 1 zu § 16 Rn. 1 ff.; umfassende Darstellung bei Spittler, Gehirn, Tod und Menschenbild 2003.

[8] Vgl. z. B. Müller, Ethik Med 2010, 5 ff.; Stoecker, In: Preuß, Knoepffler, Kodalle (Hrsg.) Körperteile – Körper teilen - Kritisches Jahrbuch der Philosophie 2009, 41 ff.; Thomas, ZfL 2008, 74 ff.; Verheijde et al., Med Health Care and Philos 2009, 409 ff.

[9] President's Council of Bioethics. Controversies in the determination of death. A White Paper. 2008 http://bioethics.georgetown.edu/pcbe/reports/death/index.html. Abrufdatum: 10.11.2011.

[10] Wijdicks et al., Neurology 2010, 1911 ff.

[11] Die Richtlinien des Wissenschaftlichen Beirats der Bundesärztekammer zur Feststellung des Hirntodes (Dt. Ärztebl. 1998, A-1861 ff., siehe auch http://www.bundesaerztekammer.de/downloads/Hirntodpdf.pdf. Abrufdatum 14.12.2011) sind im Jahre 1998 veröffentlicht worden und dürften daher dem Stand der Erkenntnis der medizinischen Wissenschaft nach § 16 Abs. 1 S. 1 TPG bis ins Jahr 1998 entsprechen.

Neben der Anwendung in der Transplantationsmedizin spielen Fragestellungen zum Hirntod gelegentlich auch in der Gerichtspraxis eine Rolle, wobei teilweise aus den Entscheidungen nicht immer hinreichend deutlich wird, wie die Gerichte das (zeitliche) Verhältnis zwischen dem Eintritt des Hirn- und Individualtod werten bzw. ob sie den Hirntod mit dem Individualtod gleichsetzen.[12] In der weiteren Diskussion steht die Organ- und Gewebeentnahme bei Patienten mit Herzstillstand (non heart-beating donors), wie sie in anderen Ländern praktiziert wird.[13] Eine weitergehende vertiefende Erörterung dieser relevanten Diskussionspunkte kann in diesem Kontext jedoch nicht erfolgen. Diese Todeskonzepte müssten in dem nachfolgend zu besprechenden Bereich der postmortalen Gewebeentnahme in der Rechtsmedizin theoretisch auch gar keine Rolle spielen, da die Gewebe bei einem Spenderleichnam entnommen werden, bei dem sichere Zeichen des Todes (Totenflecken, Totenstarre) vorliegen. Die Vorgaben im TPG und in den Richtlinien der Bundesärztekammer (BÄK) zur Feststellung des Hirntodes fordern aber für die postmortale Gewebeexplantation den Nachweis des Hirntodes (wenn auch indirekt durch den Nachweis sicherer äußerer Zeichen des Todes) in einer praxisuntauglichen und zudem unvollständigen Form.[14]

II. Gewebeentnahme in der Rechtsmedizin

Rechtsmedizinische Institute fungieren bei der postmortalen Gewebespende während der Sektion nach den rechtlichen Vorgaben (s. z. B. Europäischen Geweberichtlinien, TPG, AMG, TPG-GewV) als beschaffende bzw. entnehmende

[12] Siehe zahlreiche Beispiele aus der Rechtsprechung bis 2004 bei Parzeller, KritV 2004, 397 (415 f. Fn. 117); aktuelle Rechtsprechung: LG Bochum, Urt. v. 27.01.2010 – 6O 78/08, I-6O 78/08 zur Rechtzeitigkeit der Durchführung der Hirntoddiagnostik im Prozess um ärztliche Behandlungsfehler, juris online Rn. 15, 71; LG Dortmund, Urt. v. 09.12.2009 – 4 O 297/09 zur Fortsetzung lebenserhaltender Maßnahmen bei Gesamthirntod auf Wunsch der Angehörigen, juris online Rn. 19: „Sofern der Hirntod festgestellt werden kann, ist von dem Tod des Patienten auszugehen.“; LG Heidelberg, Beschl. v. 17.05.2002 – 1 Qs 32/02, juris online Rn. 3: „Deshalb verstarb das Kind trotz Reanimationsbemühungen am 02. Mai 2000 in der Universitätsklinik in Heidelberg an einem Herzkreislaufstillstand, nachdem bereits zuvor die Diagnose eines Hirntodes gestellt worden war.“; Bay. OLG, Beschl. v. 20.06.2000 – 5 St RR 276/99, juris online Rn. 11 zur Maßgeblichkeit des Gesamthirntodes für das Lebensende in Abgrenzung zum klinischen Tod; OLG Köln, Urt. v. 13.02.2002 – 5 U 95/01, juris online Rn. 7: „Am 28.07.1992 wurde der Hirntod festgestellt und die intensivmedizinische Behandlung eingestellt; kurz darauf trat der Tod ein“; OLG München; NJW 2006, 1883 (1886: zur Verwendung des Begriffs „biologischer Tod“ nicht im Sinne des Absterbens der letzten Zellen, sondern als Individualtod).

[13] Siegmund-Schultze, Zylka-Menhorn, Dt. Ärztebl. 2008, A-832; Steinbrook, N Engl J Med 2007, 209 ff. zum Vergleich der Organentnahme nach Herztod und Hirntod in den Vereinigten Staaten von Amerika; Stoecker, In: Preuß, Knoepffler, Kodalle (Hrsg.) Körperteile – Körper teilen – Kritisches Jahrbuch der Philosophie 2009, 49 ff.

[14] So auch Einbecker Empfehlungen des Präsidiums der Deutschen Gesellschaft für Medizinrecht, Okt. 2011, http://www.medizin.uni-koeln.de/dgmr/empfehlungen/empf18.shtml, Abrufdatum 15.12.11: in diesem Buch S. 125.

Tab. 1 Unterschiede zwischen der Intensiv- und der Rechtsmedizin bezüglich einer postmortalen Organ-/Gewebeentnahme zur Übertragung auf einen Empfänger. (Leicht modifiziert nach Parzeller, Dettmeyer 2008, StoffR, 288, 289)

Intensivmedizin-Chirurgie	Rechtsmedizin
Explantation von Organen und Gewebe	Explantation von Gewebe
Künstliche Aufrechterhaltung der Herz-Kreislauffunktion	Irreversibler Stillstand der Herz-Kreislauffunktion
Künstliche Beatmung	Keine Beatmung
So genannte „warme Leiche“	So genannte „kalte Leiche“
Keine sicheren äußeren Zeichen des Todes[a]	Sichere äußere Zeichen des Todes (z. B. Totenflecken, Totenstarre)
Gesamthirntoddiagnostik erforderlich	Klassische Todesfeststellung durch den Nachweis sicherer äußerer Zeichen des Todes erforderlich
Gesamthirntod als sicheres inneres Zeichen des Todes[b]	Indirekte Feststellung des Gesamthirntodes durch Nachweis sicherer äußerer Zeichen des Todes

[a] Aufgrund des künstlich aufrecht erhaltenen Herzkreislaufsystems mit Beatmung können z. B. Totenflecken, die aufgrund der schwerkraftbedingten Hypostase des Blutes eintreten, nicht entstehen

[b] Vgl. aber aktuelle Diskussion s. oben

Gewebeeinrichtung.[15] Gewebe, die in einem rechtsmedizinischen Institut entnommen wurden, können nach entsprechender Aufbereitung in den unterschiedlichen medizinischen Disziplinen (z. B. Chirurgie, Orthopädie, Ophtalmologie, Zahnmedizin) zum Wohle von erkrankten Patienten eingesetzt werden. Beispielhaft sind als Gewebearten Knochen, Sehnen, Gehörknöchelchen oder die Augenhornhaut zu nennen.

Im Gegensatz zur postmortalen Entnahme von durchblutenden Organen unter intensivmedizinisch-chirurgischen Bedingungen bestehen für die postmortale Entnahme von Gewebe unter rechtsmedizinischen Bedingungen zur späteren Übertragung auf erkrankte Patienten deutliche Unterschiede, denen die derzeitigen prozeduralen und rechtlichen Vorgaben nicht gerecht werden.[16] Eine Organ- und Gewebeentnahme unter intensivmedizinischen Bedingungen, also bei künstlicher Aufrechterhaltung des Herzkreislaufsystems und der künstlichen Beatmung beim hirntoten Spender, hat andere Voraussetzungen für die Todesfeststellung als die postmortale Gewebeentnahme in einem rechtsmedizinischen Institut (s. Tab. 1). Durch die bestehende Rechtslage wird diesen Unterschieden aber, wie nachfolgend dargestellt wird, nicht hinreichend Rechnung getragen.

[15] Ausführliche Darstellung zur postmortalen Gewebeentnahme in der Rechtsmedizin bei: Dettmeyer, Madea, Rechtsmedizin 2002, 365 ff.; Parzeller, Zedler, Rüdiger, Rechtsmedizin 2007, 293 ff.; Parzeller, Eisenmenger. In: Pühler, Middel, Hübner (Hrsg.) Praxisleitfaden Gewebegesetz. 2009, S. 181 ff.

[16] So auch Einbecker Empfehlungen des Präsidiums der Deutschen Gesellschaft für Medizinrecht, Okt. 2011, http://www.medizin.uni-koeln.de/dgmr/empfehlungen/empf18.shtml, Abrufdatum 15.12.11: in diesem Buch S. 125.

III. Aktuelle gesetzgeberische Aktivitäten

Zur Umsetzung der Richtlinie 2010/53/EU des Europäischen Parlaments und des Europäischen Rates vom 07.07.2010 sind Änderungen im TPG vorgesehen. Durch die Richtlinie sollen ein einheitlicher europäischer Qualitäts- und Sicherheitsstandard und Verbesserungen beim „Krisenmanagement" (Rückverfolgbarkeit, Meldesystem etc.) erreicht werden.[17]

Neben Änderungen bei den Begriffsbestimmungen[18] „Organ" und „schwerwiegende Zwischenfälle und schwerwiegende unerwünschte Reaktionen" sieht der Gesetzentwurf der Bundesregierung u. a. eine Erweiterung des Kreises auskunftsberechtigter Personen (Transplantationsbeauftragter des Entnahmekrankenhauses, verantwortlicher Arzt im Transplantationszentrum)[19] sowie weitergehende Aufklärungspflichten über gesundheitliche Folgen für den Organempfänger bei der Lebendspende[20] vor.

Umfassende Änderungen sind bei der Organisation, den Pflichten und den Anforderungen für Entnahmekrankenhäuser und Transplantationszentren geplant.[21] Im Einzelnen wäre die Verpflichtung zur Bestellung eines Transplantationsbeauftragten durch die Entnahmekrankenhäuser zu nennen, der hirntote Spender der Koordinierungsstelle mitteilt, Angehörige von Spendern begleitet und die gesetzlichen Vorgaben im Entnahmekrankenhaus umsetzt.[22]

Weitere Neuerungen beziehen sich u. a. auf die Koordinierungsstelle[23], auf Berichtspflichten[24], die Rückverfolgbarkeit[25], die Meldung von schwerwiegenden Zwischenfällen und schwerwiegenden unerwünschten Reaktionen[26], die Verwendung von Daten zu Forschungszwecken[27], die Verlängerung der Aufbewahrungsfrist von Aufzeichnungen und Dokumenten für Organe von 10 auf 30 Jahre[28] sowie Änderungen bei den Bußgeldern[29].

Der Bundesrat hat sich am 23.09.2011 u. a. für eine Erklärungslösung als Kompromisslösung zwischen der erweiterten Zustimmungs- und der Widerspruchslösung[30],

---

[17] Bundesregierung, Gesetzentwurf, BR-Drs. 457/11 S. 1, 20.

[18] Bundesregierung, Gesetzentwurf, BR-Drs. 457/11 S. 2, 28.

[19] Bundesregierung, Gesetzentwurf, BR-Drs. 457/11 S. 3 f., 29 f.

[20] Bundesregierung, Gesetzentwurf, BR-Drs. 457/11 S. 4, 30.

[21] Bundesregierung, Gesetzentwurf, BR-Drs. 457/11 S. 5, 31 ff.

[22] Bundesregierung, Gesetzentwurf, BR-Drs. 457/11 S. 5 f., 34 ff.

[23] Bundesregierung, Gesetzentwurf, BR-Drs. 457/11 S. 7 ff., 41 ff.

[24] Bundesregierung, Gesetzentwurf, BR-Drs. 457/11 S. 12, 43 f.

[25] Bundesregierung, Gesetzentwurf, BR-Drs. 457/11 S. 13, 44 f.

[26] Bundesregierung, Gesetzentwurf, BR-Drs. 457/11 S. 14 f., 47 ff.

[27] Bundesregierung, Gesetzentwurf, BR-Drs. 457/11 S. 16, 48 f.

[28] Bundesregierung, Gesetzentwurf, BR-Drs. 457/11 S. 16 f., 49.

[29] Bundesregierung, Gesetzentwurf, BR-Drs. 457/11 S. 18, 50 f.

[30] Bundesrat, BR-Drs. 457/11 (Beschluss) S. 1 ff.; Bundesregierung BT-Drs. 17/7376 Anlage 4 (Gegenäußerung) S. 36 weitergehender Beratungsbedarf für neue Lösung.

die Benennung von Vertrauenspersonen[31], spezifische Maßnahmen zur Qualitätssicherung[32] und die Stärkung der Rolle des Transplantationsbeauftragten[33] ausgesprochen. Zudem regte der Bundesrat u. a. Änderungen bzgl. der regionalen Untergliederung der Koordinierungsstelle[34], der versicherungsrechtlichen Absicherung von Organlebendspendern[35] und der Aufwanderstattung für Entnahmekrankenhäuser[36] sowie Verbesserungen bei der Aus- und Weiterbildung[37] an.

Kontrovers wird zwischen Bundesrat[38] und Bundesregierung[39] die Richtlinienkompetenz der Bundesärztekammer (BÄK) und die rechtliche Würdigung dieser Richtlinien erörtert. Zur Richtlinienkompetenz der Todes- und Hirntodfeststellung durch die Bundesärztekammer gemäß § 16 Abs. 1 S. 1 TPG wird vom Bundesrat ausgeführt:

> Die Richtlinien nach Nummer 1 und 1a, die bislang vom wissenschaftlichen Beirat der BÄK erlassen wurden, bleiben, da es sich um genuin medizinische Regeln handelt, wie bisher dem Selbstorganisationsrecht der BÄK überlassen.[40]

Die weiteren Richtlinien gemäß § 16 Abs. 1 S. 1 Nr. 2–7 (n. F.) TPG sieht der Bundesrat anders als die Richtlinien zur Feststellung des Todes und Gesamthirntodes gemäß § 16 Abs. 1 S. 1 Nr. 1 und 1a TPG mit einer „enormen Grundrechtsrelevanz" behaftet, so dass diese Richtlinien „personeller und prozeduraler Vorgaben durch den Gesetzgeber" bedürften, „also nicht der Selbstorganisationsmacht der BÄK überlassen werden" könnten.

Der Bundesrat regt die gesetzliche Legitimierung der „Ständigen Kommission Organtransplantation (StäKO)"[41] an und möchte in einem erweiterten § 16 TPG

---

[31] Bundesrat, BR-Drs. 457/11 (Beschluss) S. 3 f.; Bundesregierung BT-Drs. 17/7376 Anlage 4 (Gegenäußerung) S. 36 ablehnende Haltung.

[32] Bundesrat, BR-Drs. 457/11 (Beschluss) S. 5 f.; Bundesregierung BT-Drs. 17/7376 Anlage 4 (Gegenäußerung) S. 36 ablehnende Haltung.

[33] Bundesrat, BR-Drs. 457/11 (Beschluss) S. 6 ff.; Bundesregierung BT-Drs. 17/7376 Anlage 4 (Gegenäußerung) S. 36 keine bundeseinheitliche Festlegung angestrebt.

[34] Bundesrat, BR-Drs. 457/11 (Beschluss) S. 9 ff.; Bundesregierung BT-Drs. 17/7376 Anlage 4 (Gegenäußerung) S. 36 ablehnende Haltung.

[35] Bundesrat, BR-Drs. 457/11 (Beschluss) S. 16 f.; Bundesregierung BT-Drs. 17/7376 Anlage 4 (Gegenäußerung) S. 37 Prüfung von Änderungen.

[36] Bundesrat, BR-Drs. 457/11 (Beschluss) S. 18; Bundesregierung BT-Drs. 17/7376 Anlage 4 (Gegenäußerung) S. 37 Hinweis zur Neuberechnung der Aufwandsentschädigungen durch das Institut für Entgeltsysteme im Krankenhaus.

[37] Bundesrat, BR-Drs. 457/11 (Beschluss) S. 20; Bundesregierung BT-Drs. 17/7376 Anlage 4 (Gegenäußerung) S. 37 kein weitergehender bundesrechtlicher Handlungsbedarf.

[38] Bundesrat, BR-Drs. 457/11 (Beschluss) S. 15.

[39] Bundesregierung BT-Drs. 17/7376 Anlage 4 (Gegenäußerung) S. 36 f. ablehnende Haltung jedoch weitergehende Prüfung des § 16 Abs. 2 TPG bezüglich rechtlicher Vorgaben für Verfahren und Organisation.

[40] Kritisch zu dieser Auffassung bereits Parzeller, Henze, ZRP 2006, 176 ff.

[41] Siehe zur Satzung der bestehenden Ständigen Kommission Organtransplantation (StäKO) bei der Bundesärztekammer: http://www.bundesaerztekammer.de/page.asp?his=0.1.17.1617.1631. Abrufdatum 03.12.2011.

konkrete rechtliche Vorgaben bezüglich Besetzung und Organisation festlegen. Da auf Grundlage der Richtlinien dann „rechtserhebliche Festlegungen" getroffen werden könnten, fordert er im Kontext der vorgeschlagenen Änderungen den Genehmigungsvorbehalt aller Richtlinien durch das Bundesministerium für Gesundheit. Damit soll die staatliche Aufsicht in dieser „eminent grundrechtsrelevanten Ausgestaltung wesentlicher Bereiche des Transplantationsgeschehens durch Richtlinien" effektiv gewährleistet werden.

Die Bundesregierung führt aus, dass erst durch die Berücksichtigung der Änderungsvorschläge des Bundesrates den Feststellungen der Bundesärztekammer ein rechtsverbindlicher Charakter zukäme, der über die bisherige Vermutenswirkung als so genannte „antizipierte Sachverständigengutachten" zum medizinischen Erkenntnisstand hinausgehen würde. Die Bundesregierung führt zudem aus, dass die „Festlegung rechtsverbindlicher Vorgaben allein dem Gesetzgeber obliegt".[42]

IV. Der Tod und seine Feststellung im TPG

Nach den Erörterungen im bisherigen Gesetzgebungsverfahren zur Novellierung des TPG bleibt ein für die postmortale Gewebespende wesentlicher und praxisrelevanter Aspekt trotz der bisher vorgetragenen Bedenken[43] weiterhin ungeregelt. Die bestehenden Regelungen zur Todesfeststellung im TPG und den Richtlinien der Bundesärztekammer für eine postmortale rechtsmedizinische Gewebeexplantation erweisen sich im rechtsmedizinischen Alltag als unvollständig und praxisuntauglich und führen nicht zur erforderlichen Rechtsklarheit und Rechtssicherheit.

Diese Problematik griff inzwischen auch der 114. Deutsche Ärztetag auf und forderte in einer Entschließung:

> Klarstellungen in Bezug auf die postmortale Gewebespende … , denn hier fehlt es an praxistauglichen Regelungen, obwohl schon jetzt jährlich mehr als 30.000 Gewebetransplantationen in Deutschland durchgeführt werden.[44]

---

[42] Bundesregierung BT-Drs. 17/7376 Anlage 4 (Gegenäußerung) S. 36 f.

[43] Vgl. z. B. Angstwurm, In: Pühler, Middel, Hübner (Hrsg.) Praxisleitfaden Gewebegesetz, 2009, S. 201 (205); Herrig, Die Gewebetransplantation nach dem Transplantationsgesetz 2002, S. 102 ff.; Nickel, Schmidt-Preisigke, Sengler, Transplantationsgesetz, 2001, Erl. § 5 TPG Rn. 5; Parzeller, Henze, Bratzke, KritV 2004, 371 (375 ff.); Parzeller, Henze, ZRP 2006, 176 (177 f.); Parzeller, Bratzke, Eisenmenger, StoffR 2006, 128 (134 ff.); Parzeller, Rüdiger StoffR 2007, 70 (84); Parzeller, Dettmeyer StoffR 2008, 288 ff.; Parzeller, In: Pühler, Middel, Hübner (Hrsg.) Praxisleitfaden Gewebegesetz, 2009, S. 73 (77 ff.); Schroth. In: Schroth, König, Gutmann, Oduncu (Hrsg.) TPG, 2005, § 5 Rn. 3. Dieser Meinungsstand in der Literatur wird in der Pressemitteilung der BÄK vom 19.09.11 übersehen, wenn u.a. angeführt wird: „Noch dazu hat bisher niemand bezweifelt, dass die Richtlinientätigkeit der Bundesärztekammer sachlich angemessen ist und zu akzeptierten Ergebnisse führt."

[44] Beschlussprotokoll des 114. Deutschen Ärztetages vom 31.5.–3.6.2011 in Kiel; Drucksache I-25 – Antrag Wulff, Ramm, Harb.

Tab. 2 Auszüge aus dem TPG

§ 3 Entnahme mit Einwilligung des Spenders

Abs. 1: Die Entnahme von Organen oder Geweben ist, soweit in § 4 oder § 4a nichts Abweichendes bestimmt ist, nur zulässig, wenn

1. [...],
2. der Tod des Organ- oder Gewebespenders nach Regeln, die dem Stand der Erkenntnisse der medizinischen Wissenschaft entsprechen, festgestellt ist und
3. [...].

[...]

Abs. 2: Die Entnahme von Organen oder Geweben ist unzulässig, wenn

1. die Person, deren Tod festgestellt ist, der Organ- oder Gewebeentnahme widersprochen hatte,
2. nicht vor der Entnahme bei dem Organ- oder Gewebespender der endgültige, nicht behebbare Ausfall der Gesamtfunktion des Großhirns, des Kleinhirns und des Hirnstamms nach Verfahrensregeln, die dem Stand der Erkenntnisse der medizinischen Wissenschaft entsprechen, festgestellt ist.

[...]

§ 5 TPG Nachweisverfahren

Abs. 1: Die Feststellungen nach § 3 Abs. 1 Satz 1 Nr. 2 und Abs. 2 Nr. 2 sind jeweils durch zwei dafür qualifizierte Ärzte zu treffen, die den Organ- oder Gewebespender unabhängig voneinander untersucht haben. Abweichend von Satz 1 genügt zur Feststellung nach § 3 Abs. 1 Satz 1 Nr. 2 die Untersuchung und Feststellung durch einen Arzt, wenn der endgültige, nicht behebbare Stillstand von Herz und Kreislauf eingetreten ist und seitdem mehr als drei Stunden vergangen sind.

[...]

§ 16 TPG Richtlinien zum Stand der Erkenntnisse der medizinischen Wissenschaft bei Organen

Abs. 1: Die Bundesärztekammer stellt den Stand der Erkenntnisse der medizinischen Wissenschaft in Richtlinien fest für

1. die Regeln zur Feststellung des Todes nach § 3 Abs. 1 Satz 1 Nr. 2 und die Verfahrensregeln zur Feststellung des endgültigen, nicht behebbaren Ausfalls der Gesamtfunktion des Großhirns, des Kleinhirns und des Hirnstamms nach § 3 Abs. 2 Nr. 2 einschließlich der dazu jeweils erforderlichen ärztlichen Qualifikation,
   1a. die Regeln zur Feststellung des Todes nach § 4a Abs. 1 Satz 1 Nr. 1.

[...]

Zur Verdeutlichung der Problematik der Todesfeststellung vor einer postmortalen Gewebeentnahme in der Rechtsmedizin ist es erforderlich, sich sowohl mit der Entstehungsgeschichte als auch dem Wortlaut (Tab. 2) und der Systematik der einschlägigen Normen des TPG vertraut zu machen. So spielte die postmortale Gewebespende bei der Entstehung des TPG bis ins Jahr 1997 noch keine relevante Rolle, so dass die Unterschiede der klassischen postmortalen Organ- und Gewebeentnahme unter intensivmedizinischen Bedingungen zur postmortalen rechtsmedizinischen Explantation noch unbeachtet bleiben konnten. Nach der Entstehungsgeschichte des TPG wird die Differenzierung zwischen Individualtod und Gesamthirntod in § 3 TPG auf eine politische Kompromisslösung zurückgeführt.[45] Diese Differenzie-

[45] Nähere Angaben bei Höfling, Rixen. In: Höfling (Hrsg.) TPG-Kommentar. 2003, § 3 Rn. 11; Stoecker, In: Preuß, Knoepffler, Kodalle (Hrsg.) Körperteile – Körper teilen - Kritisches Jahrbuch

rung zwischen dem Individualtod und dem Gesamthirntod, die sich nicht nur dem § 3 TPG, sondern auch dem § 16 TPG entnehmen lässt, wird anhand der Todesbegrifflichkeiten nachfolgend erläutert (Abb. 1):[46]

In den §§ 3, 5 und 16 TPG werden unterschiedliche Todesbegrifflichkeiten verwendet, die nicht synonym zu verstehen sind, da sie sich hinsichtlich ihrer weiteren Bewertung und ihrer Feststellung unterscheiden. So lassen sich verschiedenen Feststellungsformen aus dem Gesetzeskontext, der Verwendung des Plurals zu den Feststellungen in § 5 Abs. 1 Satz 1 TPG und in § 16 Abs. 1 Satz 1 Nr. 1 TPG aus der Differenzierung zwischen Richtlinien mit Regeln zur Feststellung des Todes nach § 3 Abs. 1 Satz 1 Nr. 2 TPG und Verfahrensregeln zur Feststellung des Gesamthirntodes nach § 3 Abs. 2 Nr. 2 TPG entnehmen.[47]

- **Individualtod[48]**
  - § 3 Abs. 1 S. 1 Nr. 2 TPG
  - Zulässigkeitskriterium: Nach dessen Feststellung und dem Einhalten weiterer gesetzlicher Vorgaben (z. B. Einwilligung) ist eine Organ- und Gewebeentnahme zulässig.
  - Richtlinienvorgaben: § 16 Abs. 1 S. 1 Nr. 1 1. Alt. TPG (Regeln zur Feststellung des Todes)
  - Feststellung des Individualtodes gemäß § 5 Abs. 1 S. 1 TPG durch zwei dafür qualifizierte Ärzte
- **Gesamthirntod[49]**
  - § 3 Abs. 2 Nr. 2 TPG
  - Unzulässigkeitskriterium: Vor dessen Feststellung ist eine Organ- und Gewebeentnahme ebenso wie bei einem Widerspruch durch den Verstorbenen unzulässig (Verbot der Organ- bzw. Gewebeentnahme vor Feststellung des Gesamthirntodes).[50]
  - Richtlinienvorgaben: § 16 Abs. 1 S. 1 Nr. 1 2. Alt. TPG (Verfahrensregeln zur Feststellung des endgültigen nicht behebbaren Ausfalls der Gesamtfunktion des Großhirns, des Kleinhirns und des Hirnstamms)

---

der Philosophie 2009, 42 f. m.w.N. in Fn. 6.

[46] Ausführliche Beschreibungen der Todesbegriffe bei Parzeller, KritV 2004, 397 (400 ff.) m.w.N.; Parzeller, Dettmeyer, StoffR 2008, 288 (289) m.w.N.; vgl. auch Tabelle 1 mit unterschiedlicher Nomenklatur des Hirntodes bei President's Council of Bioethics. Controversies in the determination of death. A White Paper. 2008; http://bioethics.georgetown.edu/pcbe/reports/death/index.html. Abrufdatum: 10.11.2011. S. 19.

[47] Gutmann, In: Schroth et al. (Hrsg.), TPG 2005, § 16 Rn. 9 f.; Nickel, Schmidt-Preisigke, Sengler, Transplantationsgesetz, 2001, Erl. § 5 Rn. 4 ff.; Parzeller, Henze, ZRP 2006, 176 (177); Parzeller, Dettmeyer, StoffR 2008, 288 (290 f.).

[48] Zum Nachweis des Individualtodes siehe Parzeller, Dettmeyer, StoffR 2008, 288 (291).

[49] Zum Nachweis des Gesamthirntodes siehe Wissenschaftlicher Beirat der Bundesärztekammer, Dt. Ärztebl. 1998, A-1861 ff.; Oduncu. In: Schroth, König, Gutmann, Oduncu (Hrsg.) TPG, 2005, Einl. Rn. 79 ff.; Parzeller, Dettmeyer, StoffR 2008, 288 (291).

[50] Höfling, Rixen, In: Höfling (Hrsg.) TPG-Kommentar. 2003, § 3 Rn. 11.

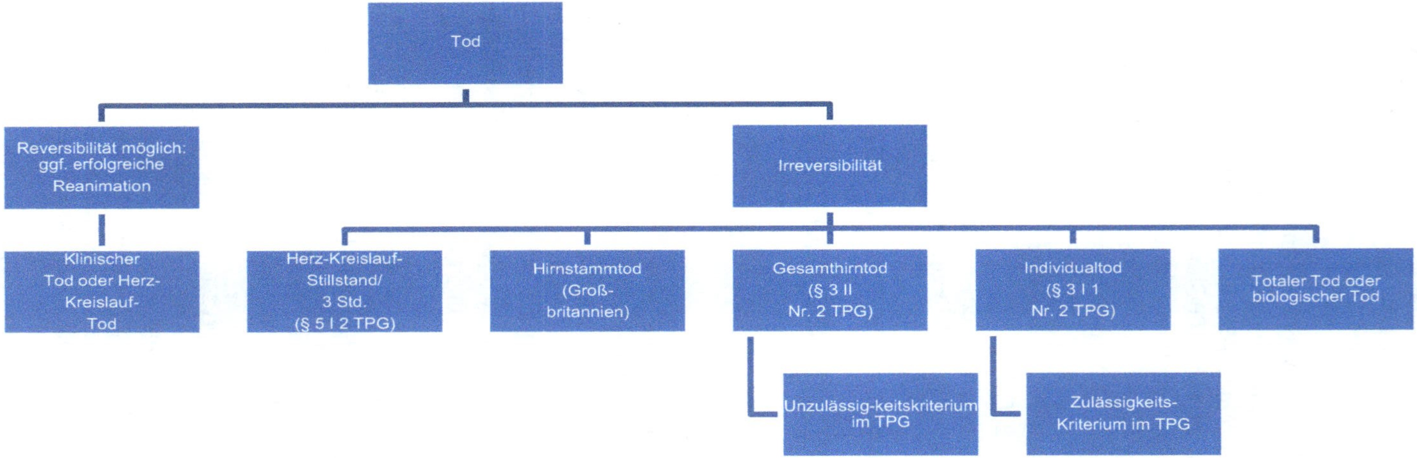

Abb. 1 Todesbegriffe innerhalb und außerhalb des TPG

- Feststellung des Gesamthirntodes gemäß § 5 Abs. 1 S. 1 TPG durch zwei dafür qualifizierte Ärzte

- **Irreversibler Herz-Kreislauf-Tod als Individualtod**[51]
  - § 5 Abs. 1 S. 2 TPG
  - Endgültiger, nicht behebbarer Stillstand von Herz und Kreislauf
  - Zeitablauf von drei Stunden
  - Richtlinienvorgaben: § 16 Abs. 1 S. 1 Nr. 1 1. Alt. TPG (Regeln zur Feststellung des Todes)
  - Feststellung dieser Form des irreversiblen Herz-Kreislauf-Todes gemäß § 5 Abs. 1 S. 2 TPG durch einen Arzt (cave: Gesamthirntodfeststellung muss gemäß § 5 Abs. 1 S. 1 TPG durch zwei Ärzte erfolgen).

Aufgrund der Vorgaben der §§ 3, 5 TPG sind folgende Feststellungen von ärztlicher Seite vor einer Organ- und Gewebeexplantation zu treffen:

- Feststellung des Todes als Zulässigkeitskriterium einer postmortalen Organ- und Gewebeentnahme
- Feststellung des Gesamthirntodes als Unzulässigkeitskriterium einer postmortalen Organ- und Gewebeentnahme.

Diese doppelte Feststellung nämlich gerade auch die Feststellung des Gesamthirntodes gemäß § 5 Abs. 1 S. 1 i. V. m. § 3 Abs. 2 Nr. 2 TPG wird auch beim Vorliegen sicherer Zeichen des Todes für erforderlich erachtet[52]. Dieses gesetzgeberische Konstrukt führt sowohl bei der rechtlichen Bewertung als auch der praktischen Anwendung zu Missverständnissen.[53]

Die beiden Feststellungen sind zudem von zwei qualifizierten Ärzten zu treffen, die die Leichenuntersuchung unabhängig voneinander durchführen müssen (§ 5 Abs. 1 S. 1 TPG), weder an der Explantation noch der Transplantation beteiligt sein dürfen (§ 5 Abs. 2 S. 1 TPG) und in keinem Weisungsverhältnis zu einem die Explantation oder die Transplantation durchführenden Arzt stehen dürfen (§ 5 Abs. 2 S. 2 TPG). Das Nachweisverfahren des Todes mindestens drei Stunden nach einem irreversiblen Stillstand von Herz und Kreislauf gem. §§ 5 Abs. 1 Satz 2 TPG i. V. m. 3 Abs. 1 Satz 1 Nr. 2 TPG kann von lediglich einem Arzt durchgeführt werden. Da § 5 Abs. 1 Satz 2 TPG nur auf die Todesfeststellung nicht aber auf die

[51] Zum Nachweis des irreversiblen Herz-Kreislauf-Todes siehe Parzeller, Dettmeyer, StoffR 2008, 288 (291).

[52] Wissenschaftlicher Beirat der Bundesärztekammer, Dt. Ärztebl. 1998, A-1861 (A-1865): „Auch der indirekte Nachweis des Hirntodes durch äußere sichere Todeszeichen muss von zwei Ärzten bestätigt werden" und aus den Hinweisen A-1868: „Wenn der Tod durch äußere sichere Todeszeichen festgestellt wurde, ist damit auch der Hirntod nachgewiesen. Gleichwohl muss infolge von § 3 Abs. 2 Nr. 2 in Verbindung mit § 5 Abs. 1 des Transplantationsgesetzes auch der indirekt nachgewiesene Hirntod von 2 Ärzten bestätigt werden, wenn Organe und Gewebe zur Transplantation entnommen werden sollen.".

[53] Vgl. z. B. unterschiedliche Auffassungen zwischen Middel, Pühler, Schreiber, ZRP 2007, 67 f. und Parzeller, Henze, ZRP 2006, 176 ff.; s. auch Schroth, In: Schroth, König, Gutmann, Oduncu (Hrsg.) TPG 2005, § 5 Rn. 3.

Gesamthirntodesfeststellung verweist, ist eine (indirekte) Hirntodfeststellung auch drei Stunden nach dem irreversiblen Stillstand von Herz und Kreislauf selbst bei sicheren äußeren Zeichen des Todes von zwei dafür qualifizierten und unabhängigen Ärzten durchzuführen.[54]

Anhand von zwei Fallkonstellationen[55] soll die derzeitige komplizierte und unklare Rechtslage für die postmortale Gewebemedizin verdeutlicht werden:

Fall 1 Ein Patient verstirbt eines natürlichen Todes durch einen Myokardinfarkt. Der Hausarzt stellt 60 min nach dem Todeseintritt den Tod durch den Nachweis sicherer Zeichen des Todes in Form von Totenflecken fest. Die Todesfeststellung wird im Leichenschauschein vermerkt. Mit der Ausstellung des Leichenschauscheins wird die Voraussetzung für die Bestattung geschaffen. Er dient dem Standesamt zur Beurkundung des Sterbefalls in der amtlichen Sterbeurkunde. Eine Bestattung des verstorbenen Patienten ist möglich

Eine postmortale Gewebeentnahme ist bei dieser Konstellation nicht möglich. Die Voraussetzungen der Todesfeststellung nach § 5 Abs. 1 S. 2 TPG durch einen Arzt liegen nicht vor, da bei der Todesfeststellung durch den Hausarzt keine drei Stunden vergangen waren. Ebenfalls wird gemäß §§ 5 Abs. 1 S. 1 i. V. m. 3 Abs. 2 Nr. 2 TPG eine Hirntodfeststellung (indirekt durch Nachweis sicherer Zeichen des Todes) durch zwei unabhängige Ärzte verlangt. Auch diese Form der Todesfeststellung im Sinne des TPG ist durch die hausärztliche Leichenschau, die für die Bestattung ausreichend ist, nicht erfüllt.

Fall 2 Ein Patient verstirbt eines natürlichen Todes durch einen Hirninfarkt. Der Hausarzt stellt 60 min nach dem Todeseintritt den Tod durch den Nachweis sicherer Zeichen des Todes in Form von Totenflecken fest. Die Todesfeststellung und deren Zeitpunkt werden im Leichenschauschein vermerkt. Ein mit den Angehörigen befreundeter Facharzt für Rechtsmedizin ohne intensivmedizinische Kenntnisse, der aus einer anderen Stadt zu Besuch ist, führt nach zwei Stunden eine weitere Leichenschau mit gleichem Ergebnis durch und bescheinigt den Angehörigen sowohl den Tod als auch indirekt durch den Nachweis der sicheren äußeren Zeichen des Todes den Gesamthirntod.

Der Verstorbene hat einen Gewebespendeausweis zur postmortalen Knochenspende in einem rechtsmedizinischen Institut. Zudem hat er seinen Körper für eine wissenschaftliche rechtsmedizinische Obduktion und zur Herstellung wissenschaftlicher Asservate zur Verfügung gestellt. Nach vier Stunden findet vor der wissenschaftlichen Sektion eine Leichenschau durch den Leiter des Instituts für Rechtsmedizin und der Entnahmeeinrichtung statt, der neben den Totenflecken als wei-

---

[54] Vgl. Dettmeyer, Medizin & Recht 2006, S. 240; Herrig, Die Gewebetransplantation nach dem Transplantationsgesetz 2002, S. 102 ff.; Nickel, Schmidt-Preisigke, Sengler, Transplantationsgesetz 2001, Erl. § 5 Rn. 5; Parzeller, Henze, ZRP 2006, 176 (177); Parzeller, Dettmeyer, StoffR 2008, 288 (294 ff.); Schroth, In Schroth, König, Gutmann, Oduncu (Hrsg.) TPG 2005, § 5 Rn. 3. Wissenschaftlicher Beirat der Bundesärztekammer, Dt. Ärztebl. 1998, A-1861 (A-1865); AA: Middel, Pühler. Schreiber, ZRP 2007, 68.

[55] Weitere Beispiele bei Parzeller, Henze, Bratzke, KritV 2004, 371 (379); Parzeller, Dettmeyer, StoffR 2008, 288 (295).

teres sicheres Zeichen des Todes eine Totenstarre feststellt. Im Anschluss an diese Leichenschau wird nach eigener Überprüfung der sicheren Zeichen des Todes durch einen Oberarzt und einen Assistenzarzt, beides Fachärzte für Rechtsmedizin, die wissenschaftliche Sektion mit Entnahme verschiedener wissenschaftlicher Asservate durchgeführt.

Eine postmortale Gewebeentnahme im Sinne des TPG ist aber nicht möglich, da die Todesfeststellung nicht in gesetzeskonformer Weise durchgeführt werden konnte:

Die Todesfeststellung durch den Hausarzt nach einer Stunde erfüllt nicht die Voraussetzungen des § 5 Abs. 1 S. 2 TPG, da noch keine drei Stunden vergangen sind. Es handelt sich auch nicht um eine Hirntodfeststellung, die gemäß §§ 5 Abs. 1 S. 1 i. V. m. 3 Abs. 2 Nr. 2 TPG (indirekte Hirntodfeststellung als Unzulässigkeitsvoraussetzung der Explantation) von zwei qualifizierten Ärzten durchgeführt werden müsste. Die zweite Leichenschau durch den befreundeten Rechtsmediziner nach zwei Stunden erfüllt nicht die Voraussetzungen des § 5 Abs. 1 S. 2 TPG, da die drei Stunden ebenfalls noch nicht vergangen sind. Seine Feststellung des Hirntodes könnte den Anforderungen an die Richtlinien zur Feststellung des Hirntodes nicht genügen, wenn die 3-Stundenregelung des TPG als zusätzliche Vorgabe in der Richtlinie zur Feststellung des Hirntodes anzuwenden ist und eine entsprechende Qualifizierung (Erfahrungen in der Intensivbehandlung) fehlt.[56] Die Leichenschauen durch die Ärzte für Rechtsmedizin im Institut für Rechtsmedizin können für die Todes- und Gesamthirntodfeststellung trotz mehrfach festgestellter sicherer Zeichen des Todes nicht als ausreichend im Sinne des TPG gewertet werden, da es entweder an der geforderten Unabhängigkeit (§ 5 Abs. 2 S. 1 TPG) fehlt oder Weisungsgebundenheit vorliegt (§ 5 Abs. 2 S. 2 TPG).

Ein weiteres ungelöstes Problem stellt sich bei den Richtlinien zur Todesfeststellung.[57] Bisher existieren nur Richtlinien in Form der Verfahrensregeln zur Feststellung des Hirntodes gemäß § 16 Abs. 1 S. 1 Nr. 1 2. Alt. i. V. m. § 3 Abs. 2 Nr. 2 TPG. Richtlinien gemäß § 16 Abs. 1 S. 1 Nr. 1 1. Alt. TPG mit Regeln zur Feststellung des Todes nach § 3 Abs. 1 S. 1 Nr. 2 TPG liegen ebenso wie Regeln zur Feststellung des Todes gemäß § 16 Abs. 1 S. 1 Nr. 1a i. V. m. § 4a Abs. 1 S. 1 Nr. 1 TPG nicht vor.

Die Verfahrensregeln zur Feststellung des Hirntodes können auch nicht, obwohl sie marginale Angaben zur klassischen Todesfeststellung aufgrund sicherer äußerer Zeichen des Todes enthalten, als Richtlinien zur Feststellung des Todes ausgelegt werden.

Dagegen sprechen sowohl

---

[56] Wissenschaftlicher Beirat der Bundesärztekammer, Dt. Ärztebl. 1998, A-1861 (A-1864): „Qualifikationsanforderungen an die zwei Untersucher: Die beiden den Hirntod feststellenden und dokumentierenden Ärzte müssen gemäß den Anforderungen der „Richtlinien zum Inhalt der Weiterbildung" über eine mehrjährige Erfahrung in der Intensivbehandlung von Patienten mit schweren Hirnschädigungen verfügen. Nach dem endgültigen, nicht behebbaren Stillstand von Herz und Kreislauf kann der Hirntod von jedem approbierten Arzt durch äußere sichere Todeszeichen (zum Beispiel Totenflecken, Totenstarre) indirekt nachgewiesen werden."

[57] Ausführliche Darstellung bei Parzeller, Dettmeyer, StoffR 2008, 288 (292 ff.); Parzeller, In: Pühler, Middel, Hübner (Hrsg.) Praxisleitfaden Gewebegesetz, 2008, S. 73 (82).

- die Bezeichnung dieser Verfahrensregeln („Richtlinien zur Feststellung des Hirntodes“),[58]
- der Inhalt dieser Verfahrensregeln, die sich nicht auf die klassische Todesfeststellung (keine Vorgaben für die Leichenschau, keine Hinweise auf Fehlermöglichkeiten etc.)[59] bezieht,
- und die unzureichenden Eintragungsmöglichkeiten für die klassische Todesfeststellung auf dem Musterprotokoll zur Hirntodfeststellung.[60]

V. Fazit

Postmortal gewonnene Organe und Gewebe sind ein knappes, wertvolles Gut. Weitergehende Anstrengungen zur Beseitigung des Organ- und Gewebemangels sind erforderlich. Die medizinischen Voraussetzungen der postmortalen Organspende bzw. Gewebespende unter intensivmedizinisch-chirurgischen Bedingungen und der postmortalen Gewebespende in einem rechtsmedizinischen oder pathologischen Institut unterscheiden sich erheblich. De lege lata wie de lege ferenda fehlt es an prozeduralen und (verfahrens-)rechtlichen Vorgaben, die dieser Differenzierung Rechnung tragen.

Die aktuellen Ausführungen des Bundesrates zu § 16 Abs. 1 S. 1 Nr. 1 und Nr. 1a TPG vermögen nicht zu überzeugen, zumal der Bundesrat nicht erörtert, dass hier ein Richtliniendefizit besteht, da bisher keine Richtlinien mit Regeln zur Feststellung des Todes nach §§ 16 Abs. 1 S. 1 Nr. 1 1. Alt. i. V. m. 3 Abs. 1 S. 1 Nr. 2 TPG und nach §§ 16 Abs. 1 S. 1 Nr. 1a i. V. m. 4a Abs. 1 S. 1 Nr. 1 TPG) vorliegen. Die aktuelle Debatte um die Gleichsetzung bzw. Abgrenzung von Hirntod und Individualtod[61] aber auch offene Fragen zum evidenzbasierten Verfahren zum Nachweis des Hirntodes[62] verdeutlicht, dass weitergehender gesetzgeberischer Klärungsbedarf besteht. Gerade bei diesen Fragestellungen handelt es sich um einen besonders grundrechtsrelevanten Bereich nämlich das Fortbestehen bzw. Ende des menschlichen Lebens[63] sowie dem sicheren Nachweis des Todes nicht nur aus medizinisch-naturwissenschaftlicher sondern auch rechtlicher Hinsicht. Inwieweit gerade dieser grundrechtsrelevante Bereich dem „Selbstorganisationsrecht der

[58] Wissenschaftlicher Beirat der Bundesärztekammer, Dt. Ärztebl. 1998, A-1861 (A-1861).

[59] So aber für den Hirntod: Wissenschaftlicher Beirat der Bundesärztekammer, Dt. Ärztebl. 1998, A-1861 (A-1861 ff.).

[60] Wissenschaftlicher Beirat der Bundesärztekammer, Dt. Ärztebl. 1998, A-1861 (A-1866).

[61] President's Council of Bioethics. Controversies in the determination of death. A White Paper. 2008 http://bioethics.georgetown.edu/pcbe/reports/death/index.html. Abrufdatum: 10.11.2011.

[62] Wijdicks et al., Neurology 2010, 1911 ff.

[63] Höfling, Rixen. In: Höfling (Hrsg.) TPG-Kommentar. 2003, § 3 Rn. 9 unter Hinweis auf Art. 2 Abs. 2 S. 1 GG (Recht auf Leben und körperliche Unversehrtheit) gehen von einer „rechtliche Sollensfrage von zentraler Bedeutung“ aus.

BÄK“[64] durch den wissenschaftlichen Beirat[65] obliegen soll, wird nicht deutlich. Hingegen werden Anforderungen zur Qualitätssicherung nach § 16 Abs. 1 S. 1 Nr. 6 TPG als grundrechtsrelevant eingestuft und eine „gesetzlich klare“ Legitimierung gefordert.[66] Sowohl aus der vergangenen als auch der aktuellen Debatte zum Hirntod dürfte deutlich werden, dass es sich gerade nicht nur um „genuin medizinische Regeln“[67] handelt, wenn möglicherweise aufgrund eines neueren wissenschaftlichen Erkenntnisstandes sowohl das „ob“ (Hirntod = naturwissenschaftlich-medizinisch festgestellter Tod = Individualtod?) als auch das „wie“ (evidenzbasierte Verfahren zur Feststellung des Hirntodes?) fraglich sind. Sowohl für den sterbenden bzw. verstorbenen Spender, dessen Tod auf Grundlage von Verfahrensrichtlinien eines wissenschaftlichen Beirats (nach Auffassung des Bundesrates auf der Basis des „Selbstorganisationsrecht der BÄK“[68]) festgestellt werden soll bzw. wurde, als auch für den Gewebe- bzw. Organempfänger bedarf es eindeutiger und dem Stand der Erkenntnisse der medizinischen Wissenschaft entsprechender gesetzlicher Vorgaben, in diesem für Spender und Empfänger grundrechtsrelevanten Bereich.[69] Gemäß § 16 Abs. 1 S. 2 TPG wird bei Beachtung der Richtlinie durch den Arzt das Einhalten des Standes der Erkenntnisse der medizinischen Wissenschaft (derzeitiger Richtlinienstand 1998!) vermutet.

Bereits ohne die vom Bundesrat vorgeschlagenen Änderungen werden mit den „Richtlinien zur Feststellung des Hirntodes“ rechtserhebliche Feststellungen durch die die Richtlinien anwendenden Ärzte getroffen. Durch die Todesfeststellung auf Grundlage der Richtlinie und deren Dokumentation wird mit dem „Hirntod naturwissenschaftlich-medizinisch der Tod des Menschen festgestellt“[70]. Die Todesfeststellung (Gesamthirntod, Individualtod) auf Grundlage der „Richtlinien zur Feststellung des Hirntodes“ der BÄK entfaltet bereits de lege lata auch über den medizinischen Erkenntnisstand hinaus eine faktische rechtliche Wirkung[71], da mit der ärztlichen Feststellung des Todes faktisch das Ende der Rechtsfähigkeit bescheinigt wird. Als Todeszeitpunkt wird nach den „Richtlinien zur Feststellung

[64] Bundesrat, BR-Drs. 457/11 (Beschluss) S. 15.

[65] Kritisch zu dieser Subdelegation innerhalb der BÄK ohne konkrete gesetzgeberische Vorgaben bereits: Parzeller, Henze, ZRP 2006, 176 (179).

[66] Bundesrat, BR-Drs. 457/11 (Beschluss) S. 15.

[67] Wortbedeutung genuin laut Springer Lexikon Medizin 2004: „angeboren, ursprünglich, meist im Sinne von idiopathisch, essentiell, primär verwendet; so auch schon Bundesregierung, BT-Drs. 11/1980, S. 29: „Es erscheint nach wie vor sinnvoll und angemessen, die Definition und die Kriterien zur Feststellung des Hirntodes Medizinern als Fachleuten zu überlassen.“; ablehnend bereits Höfling, Rixen. In: Höfling (Hrsg.) TPG-Kommentar. 2003, § 3 Rn. 9; Parzeller, Henze, ZRP 2006, 176 (179 f.); zweifelnd Herrig, Die Gewebetransplantation nach dem Transplantationsgesetz 2002, S. 100.

[68] Bundesrat, BR-Drs. 457/11 (Beschluss) S. 15.

[69] Zur Diskussion um unzureichende Vorgaben des Gesetzgebers bei der Organallokation im TPG s. Neft, NZS 2010, 16 ff.

[70] Wissenschaftlicher Beirat der Bundesärztekammer, Dt. Ärztebl. 1998, A-1861 (A-1861).

[71] Andere Auffassung wohl: Bundesregierung BT-Drs. 17/7376 Anlage 4 (Gegenäußerung) S. 36.

des Hirntodes“ nicht der tatsächliche Eintritt des Todes, sondern der Zeitpunkt des Dokumentationsabschlusses angeführt.[72]

Gleichwohl stellt sich die oben angedeutete Diskussion zum Hirntod bei der postmortalen Gewebeentnahme in der Rechtsmedizin aber gerade nicht, da sowohl die Feststellung des Individualtodes und damit auch des Hirntodes anhand sicherer äußerer Zeichen des Todes dem unbestrittenen internationalen Stand der Erkenntnisse der medizinischen Wissenschaft entspricht und beim Vorliegen dieser sicheren äußeren Zeichen des Todes keine Zweifel am irreversiblen Todeseintritt des Menschen bestehen.

Die derzeitigen Regelungen erweisen sich für die postmortale Gewebeentnahme in der Rechtsmedizin als praxisuntauglich und lückenhaft.[73] Im Interesse der Rechtssicherheit sind Reformen sowohl von Seiten des Gesetzgebers als auch des Richtliniengebers erforderlich. Es bedarf u. a. Legaldefinitionen im TPG oder in einem eigenständigen Geweberecht[74] für den Tod sowie die sicheren äußeren und inneren Zeichen des Todes. Durch Modifikationen der Normen des TPG für die Todesfeststellung sind die praxisuntauglichen Regelungen zu beseitigen. Zusätzlich ist das Manko bei den Vorgaben für Feststellung des Todes zu beheben.

Literatur

Angstwurm H (2009) Gewebeentnahme bei hirntoten Spendern. In: Pühler W, Middel C-D, Hübner M (Hrsg.) Praxisleitfaden Gewebegesetz. Deutscher Ärzte-Verlag Köln. S. 201–205.

Dettmeyer R, Madea B (2002) Die postmortale Gewebeentnahme für Transplantationszwecke. Rechtsmedizin 12: 365–370.

Dettmeyer R (2006) Medizin & Recht. Springer Verlag Heidelberg, 2. Auflage. S. 235–255.

Haupt W (2003) Anhang 1 zu § 16 Hirntodkonzeption und Hirntoddiagnostik aus neurologischer Perspektive. In: Höfling W (Hrsg.) Kommentar zum Transplantationsgesetz (TPG). Erich Schmidt Verlag Berlin. S. 378–389.

Herrig C (2002) Die Gewebetransplantation nach dem Transplantationsgesetz. Peter Lang Verlag Frankfurt am Main.

Höfling W (2012) Von der erweiterten Zustimmungs- zur Widerspruchslösung in der postmortalen Gewebespende - Thesen zur Diskussion. In: Wienke A, Rothschild M, Janke K (Hrsg.) Rechtsfragen der Obduktion und postmortalen Gewebespende. Springer Verlag Heidelberg. S. 97–103.

---

[72] Wissenschaftlicher Beirat der Bundesärztekammer, Dt. Ärztebl. 1998, A-1861 (A-1865): „Festgestellt wird nicht der Zeitpunkt des eintretenden, sondern der Zustand des bereits eingetretenen Todes. Als Todeszeit wird die Uhrzeit registriert, zu der die Diagnose und Dokumentation des Hirntodes abgeschlossen sind.“ Zur Ausstellung verschiedener Todeszeitpunkte beim Nebeneinander der Individualtodfeststellung und der Hirntodfeststellung auf der Basis des indirekten Nachweises durch sichere Zeichen des Todes siehe Parzeller, Dettmeyer, StoffR 2008, 288 (295 f.).

[73] So auch Einbecker Empfehlungen des Präsidiums der Deutschen Gesellschaft für Medizinrecht, Okt. 2011, http://www.medizin.uni-koeln.de/dgmr/empfehlungen/empf18.shtml, Abrufdatum 15.12.11, in diesem Buch S. 125.

[74] So auch Einbecker Empfehlungen des Präsidiums der Deutschen Gesellschaft für Medizinrecht, Okt. 2011, http://www.medizin.uni-koeln.de/dgmr/empfehlungen/empf18.shtml, Abrufdatum 15.12.11, in diesem Buch S. 125 siehe auch für gesonderte gesetzliche Regelung: Parzeller, Bratzke, Eisenmenger, StoffR 2006, 128 (137).

Höfling W, Rixen S (2003) § 3 Organentnahme mit Einwilligung des Organspenders. In: Höfling W (Hrsg.) Kommentar zum Transplantationsgesetz (TPG). Erich Schmidt Verlag Berlin. S. 133–143.
Gutmann T (2005) § 16 Richtlinien zum Stand der Erkenntnisse der med. Wissenschaft. In: Schroth U, König P, Gutmann T, Oduncu F (Hrsg.) Transplantationsgesetz Kommentar, 2005. C.H.Beck München. S. 252–274.
In der Schmitten J (2003) Anhang zu § 3: Zur Entwicklung der „Hirntod"-Konzeption. In: Höfling W (Hrsg.) Kommentar zum Transplantationsgesetz (TPG). Erich Schmidt Verlag Berlin. S. 144–167.
Middel C-D, Pühler W, Schreiber H-L (2007) Richtlinienkompetenz zur Hirntod-Feststellung erneut bei Bundesärztekammer. ZRP 40: 67–68.
Müller S (2010) Revival der Hirntod-Debatte: Funktionelle Bildgebung für die Hirntod-Diagnostik. Ethik Med, 5–17.
Neft H (2010) Novellierung des Transplantationsgesetzes – eine herkulische Aufgabe? NZS 16–25.
Nickel L, Schmidt-Preisigke A, Sengler H (2001) Kommentar zum Transplantationsgesetz. Kohlhammer Verlag Stuttgart.
Oduncu F (2005) Einleitung. Hirntod. In: Schroth U, König P, Gutmann T, Oduncu F (Hrsg.) Transplantationsgesetz Kommentar, 2005. C.H.Beck München. S. 33–52.
Parzeller M, Henze C, Bratzke H (2004) Gewebe und Organtransplantation – Verfehlte und praxisfremde Regelungen im Transplantationsgesetz. KritV 87: 371–396.
Parzeller M (2004) Sterben und Tod – Sind wesentliche Bereiche am Ende des Lebens nicht normiert oder undefinierbar? KritV 87: 397–427.
Parzeller M, Henze C (2006) Richtlinienkompetenz zur Hirntod-Feststellung erneut bei Bundesärztekammer – Sind Demokratie- und Wesentlichkeitsprinzip hirntot? ZRP 39: 176–180.
Parzeller M, Bratzke H, Eisenmenger W (2006) Rechtsmedizinische Änderungsvorschläge zum Transplantationsgesetz de lege lata und vor der geplanten Reform durch das Gewebegesetz de lege ferenda. StoffR 3: 128–138.
Parzeller M, Zedler B (2007) Renaissance der Widerspruchslösung. Abstract in Rechtsmedizin 17: 261.
Parzeller M, Rüdiger C (2007) Analyse des Gewebegesetzentwurfs BT-Drs. 16/3146 und der vorgetragenen Kritik. StoffR, 4: 70–89.
Parzeller M, Zedler B, Rüdiger C (2007) Das neue Gewebegesetz – Iacta alea est. Rechtsmedizin 17: 293–300.
Parzeller M, Dettmeyer R (2008) Der Nachweis des Todes bei der postmortalen Gewebespende: Unvollständige und praxisuntaugliche Vorgaben? – Eine kritische Analyse des Transplantationsgesetzes und von Richtlinien der Bundesärztekammer. StoffR 5: 288–297.
Parzeller M (2009) Entnahme von Organen und Geweben bei toten Spendern. In: Pühler W, Middel C-D, Hübner M (Hrsg.) Praxisleitfaden Gewebegesetz. Deutscher Ärzte-Verlag Köln. S. 73–87.
Parzeller M, Eisenmenger W (2009) Gewebeentnahme im Rahmen der Sektion. In: Pühler W, Middel C-D, Hübner M (Hrsg.) Praxisleitfaden Gewebegesetz, Deutscher Ärzte-Verlag Köln. S. 181–200.
Präsidium der Deutschen Gesellschaft für Medizinrecht (Okt. 2011) Einbecker Empfehlungen der DGMR zu Rechtsfragen der Obduktion und postmortalen Gewebespende http://www.medizin.uni-koeln.de/dgmr/empfehlungen/empf18.shtml, Abrufdatum 15.12.11.
President's Council of Bioethics. Controversies in the determination of death. A White Paper. 2008 http://bioethics.georgetown.edu/pcbe/reports/death/index.html. Abrufdatum am 10.11.2011.
Schroth U (2005) § 5 Nachweisverfahren. In: Schroth U, König P, Gutmann T, Oduncu F (Hrsg.) Transplantationsgesetz Kommentar, 2005. C.H.Beck München. S. 109–111.
Siegmund-Schultze N, Zylka-Menhorn V (2008) Non-Heart-Beating-Donors: „Herztote" Organspender. Dt. Ärztebl. 105: A-832.
Spittler J (2003) Gehirn, Tod und Menschenbild. Kohlhammer GmbH Stuttgart.
Steinbrook R (2007) Organ Donation after Cardiac Death. N Engl J Med 357: 209–213.

Stoecker R (2009) Ein Plädoyer für die Reanimation der Hirntoddebatte in Deutschland. In: Preuß D, Knoepffler N, Kodalle K-M (Hrsg.) Kritisches Jahrbuch der Philosophie, Körperteile – Körper teilen. Verlag Königshausen & Neumann GmbH Würzburg, S. 41–59.

Thomas H (2008) Hirntod: ungewisses Todeszeichen, aber Organentnahme erlaubt? ZfL, 74–82.

Verheijde J., Rady M, McGreogor J (2009) Brain death, states of impaired consciousness, and physician-assisted death for end-of-life organ donation and transplantation. Med Health Care and Philos 12: 409–421.

Wijdicks E, Varelas P, Gronseth G, Greer D (2010) Evidence-based guideline update: Determining brain death in adults: Report of the Quality Standards Subcommittee of the American Academy of Neurology. Neurology 74: 1911–1918.

Wissenschaftlicher Beirat der Bundesärztekammer (1998) Richtlinien zur Feststellung des Hirntodes. Dt. Ärztebl. A-1861 – A-1868.

Einbecker Empfehlungen der DGMR zu Rechtsfragen der Obduktion und postmortalen Gewebespende

Die Deutsche Gesellschaft für Medizinrecht (DGMR) e. V. hat vom 15. bis 16. Oktober 2011 ihren 14. Einbecker Workshop unter dem Titel

Rechtsfragen der Obduktion und postmortalen Gewebespende

durchgeführt. Aufbauend auf die Empfehlungen der DGMR aus dem Jahre 1990 zu „Rechtsfragen der Obduktion" (MedR 1991, 76) wurden als Tagungsergebnis die nachstehenden Empfehlungen verabschiedet:

I. Obduktionsrecht

1. Die Obduktion (Sektion, innere Leichenschau, Autopsie, Nekropsie) dient neben der Todesursachenfeststellung und der Information der Angehörigen vor allem der Klärung der Todesumstände, der Aufdeckung von Tötungsdelikten, der Qualitätssicherung ärztlicher Behandlungsmaßnahmen und der Gewinnung gesicherter epidemiologischer Erkenntnisse zu Krankheitsbildern (Todesursachenstatistik, Versorgungsforschung).
2. Das Obduktionsrecht sollte alle Obduktionsarten (klinische Sektion, gerichtliche Sektion, Seuchensektion, (sozial-)versicherungsrechtliche Obduktion, Obduktion vor Einäscherung, anatomische Sektion, Privatsektion, Verwaltungssektion) berücksichtigen. Eine gesetzliche Regelung zur Durchführung von Obduktionen sollte insbesondere auch natürliche Todesfälle außerhalb von Kliniken erfassen.
3. Im Gegensatz zu Obduktionsraten in anderen Ländern im klinischen Bereich (Österreich: ca. 30–35 % in 1999; Großbritannien 13 % in 2004; Schweiz 20 % in 2002; Schweden 25 % in 1994) werden in Deutschland derzeit insgesamt weniger als 5 % aller Verstorbenen obduziert. Damit besteht bei über 95 % aller Verstorbenen keine autoptisch gesicherte Erkenntnis über die Todesursache und etwaige Begleiterkrankungen. Maßgebliche gesundheitspolitische Entscheidungen (z. B. Disease-Management-Programme, Prävention, strukturelle Maßnahmen der Krankenversorgung) beruhen daher auf einer weitgehend ungesicherten

A. Wienke et al. (Hrsg.), *Rechtsfragen der Obduktion und postmortalen Gewebespende,* 123
MedR Schriftenreihe Medizinrecht, DOI 10.1007/978-3-642-29473-0,

Datenlage. Dies hat negative Auswirkungen auf die Qualität ärztlicher Diagnostik und Therapie und somit auf die Patientensicherheit.

4. Vor diesem Hintergrund bedarf es transparenter, praktikabler und einheitlicher normativer Vorgaben, die eine höhere Obduktionszahl ermöglichen und damit die Datenlage für die Patientenversorgung und die Versorgungsforschung verbessern sowie für Ärzte und Angehörige eine größere Rechtssicherheit schaffen. Diesem Postulat wird die uneinheitliche Rechtslage in Deutschland derzeit nicht gerecht. Daher sollte die Rechtslage im Wege des kooperativen Föderalismus (Muster-Obduktionsgesetz) oder durch die Schaffung einer Bundesgesetzgebungskompetenz vereinheitlicht werden. Zur Harmonisierung und Konkretisierung der Obduktionsindikationen ist die gesetzliche Verankerung eines Katalogs mit Regelbeispielen zu empfehlen.
5. Die landesrechtlichen Regelungen und die Krankenhausaufnahmebedingungen sollten dahingehend vereinheitlicht werden, dass eine klinische Obduktion zulässig ist, wenn der Patient oder, nach seinem Ableben, die Angehörigen auf die Möglichkeit der Obduktion hingewiesen wurden und dieser nicht widersprochen haben (erweiterte Widerspruchslösung).
6. Die Anzahl der klinischen Obduktionen kann erhöht werden, wenn die Motivation und Kommunikationskompetenz der Ärzte bereits im Rahmen der Aus- und Weiterbildung nachhaltig gefördert wird.
7. Es empfiehlt sich, im Rahmen eines klinisch-pathologischen Qualitätsmanagements Voraussetzungen zu schaffen, die eine für statistische Zwecke notwendige Steigerung der Obduktionsquote gewährleisten (z. B. „Obduktionsbeauftragter“).
8. Neben der adäquaten Vergütung der Obduktion auf Vollkostenbasis sind die für das Qualitätsmanagement erforderlichen Finanzmittel bereitzustellen.

II. Forschung an Leichen

1. Die Überlassung von Leichen zu Lehrzwecken erfolgt regelhaft aufgrund von Körperspendevereinbarungen und landesrechtlichen Regelungen. Diese sollten auch Vorschriften beinhalten, welche die Verwendung von Leichen zu Forschungszwecken (z. B. Erprobung neuer Operationstechniken, biomechanische Untersuchungen) erlauben.
2. Die Entnahme von Organen, Organteilen und Geweben sowie deren Aufbewahrung sind integraler Bestandteil der Obduktion. Es empfiehlt sich, eine gesetzliche Regelung zu schaffen, wonach die Verwendung der anlässlich einer klinischen oder rechtsmedizinischen Obduktion entnommenen Proben nach Wegfall des ursprünglichen Verwendungszwecks unter deren Pseudonymisierung zu Forschungszwecken zulässig ist. Durch diese Forschung werden insbesondere die Möglichkeiten der Patientenversorgung verbessert sowie die Weiterentwicklung der Strafrechtspflege und die Qualität der Sachverständigenbegutachtung nachhaltig gefördert.

III. Postmortale Gewebespende für therapeutische Zwecke

1. Die postmortale Gewebeentnahme in der Rechtsmedizin zur späteren Übertragung der Gewebe auf schwer erkrankte Patienten (z. B. Augenhornhäute, Gehörknöchelchen, Blutgefäße) stellt einen wertvollen Beitrag für die Gesundheitsversorgung der Bevölkerung dar.
2. Die rechtlichen Vorgaben für die postmortale rechtsmedizinische Gewebeentnahme im Transplantationsgesetz (TPG) sind durch die Verknüpfung mit den rechtlichen Vorgaben für die Organentnahme praxisuntauglich und im Hinblick auf die Richtlinien der Bundesärztekammer unvollständig.
3. Es bestehen bedeutsame Unterschiede zwischen der postmortalen Organentnahme unter intensivmedizinischen Bedingungen („warme Leiche") und der postmortalen Gewebeentnahme in der Rechtsmedizin („kalte Leiche"). Die Problematik der Hirntodkonzeption ist bei der postmortalen Gewebespende nicht relevant, da sichere Zeichen des Todes vorliegen (Totenflecke, Totenstarre). Daher ist die postmortale Gewebespende in einem eigenen Gesetz zu regeln.
4. Zur Beseitigung des bestehenden Mangels an postmortal entnommenem Gewebe und zur Verbesserung der medizinischen Versorgung der Bevölkerung wird die Einführung der erweiterten Widerspruchslösung empfohlen.

Köln, im Oktober 2011 Das Präsidium der DGMR e. V.

FSC
www.fsc.org
MIX
Papier | Fördert
gute Waldnutzung
FSC® C083411

Kolibri 360 GmbH
Ferdinand-Jühlke-Straße 7
99095 Erfurt, Deutschland
produktsicherheit@kolibri360.de